*Moritz Friedrich Essellen*

# Zur Geschichte der Kriege zwischen den Römern und Deutschen in den Jahren 11 vor bis 16 nach dem Beginn unserer Zeitrechnung

Moritz Friedrich Essellen

**Zur Geschichte der Kriege zwischen den Römern und Deutschen in den Jahren 11 vor bis 16 nach dem Beginn unserer Zeitrechnung**

ISBN/EAN: 9783955642785

Auflage: 1

Erscheinungsjahr: 2013

Erscheinungsort: Bremen, Deutschland

@ EHV-History in Access Verlag GmbH, Fahrenheitstr. 1, 28359 Bremen. Alle Rechte beim Verlag und bei den jeweiligen Lizenzgebern.

Zur Geschichte der Kriege

zwischen den

# Römern und Deutschen

in den

Jahren 11 vor, bis 16 nach dem Beginn unserer Zeitrechnung.

---

Eine Abhandlung,

worin besonders der Inhalt neuerer Werke über diesen Gegenstand besprochen wird,

von

M. F. Essellen,

Königlich Preußischem Hofrathe.

---

Mit Abbildungen gefundener Antiquitäten auf einer Tafel.

Hamm.
G. Grote'sche Buchhandlung (C. Müller).
1862.

Ueber die ältere Geschichte unseres Vaterlandes liegen uns nur die von römischen Schriftstellern hinterlassenen Nachrichten vor. Dieselben sind, besonders ihrem geographischen Inhalte nach, unbestimmt und dürftig; es gilt, sie in dieser Beziehung zu ergänzen, oder vielmehr das Richtige herauszufinden. Die Lösung dieser Aufgabe, welcher sich schon so Viele unterzogen haben, ist von mir in den letzten zehn Jahren auch versucht. Die Ergebnisse meiner Untersuchungen sind enthalten in der Abhandlung: „Ueber den Ort der Niederlage des römischen Heeres unter Varus" (Hamm, bei Grote 1853) und den beiden Nachträgen dazu (Hamm 1853 und 1854); hauptsächlich aber in der Schrift: „Das römische Kastell Aliso, der Teutoburger Wald und die Pontes longi. Mit vier Karten und einem Anhange über die Steindenkmäler in Westfalen und den angrenzenden Provinzen." (Hannover, bei Rümpler, 1857.)

Diese Schriften befassen sich insbesondere mit Ermittelung folgender wichtiger Punkte:

des römischen Kastells Aliso,

des Teutoburger Waldes, in welchem das römische Heer unter Varus vernichtet wurde,

und der Gegend, in welcher sich die Brücken-Anlage fand, welche Tacitus Ann. I. 63 die langen Brücken (pontes longi) nennt.

Von demselben wird

## I. Das Kastell Aliso

an der Westseite der Stadt Hamm, an der ehemaligen Mündung des Ahseflusses in die Lippe, angenommen. Die Gründe dafür sind in der zuerst angeführten Abhandlung S. 29 folg., in dem zweiten Nachtrage, S. 12 folg. und in der größeren Schrift S. 1 folg. angegeben. Sie werden aber auch noch weiter unten besprochen werden.

## II  Der Teutoburger Wald.

Die hügelige Gegend zwischen der Stadt Beckum und der Lippe wird als diejenige bezeichnet, welcher Tacitus diesen Namen beilegt. Die Annahme stützt sich im Wesentlichen auf folgende Gründe:

Das varianische aus Kerntruppen bestehende Heer wurde nicht blos geschlagen, sondern vernichtet. Einen solchen Ausgang konnte der Kampf nur nehmen in einer Gegend, welche ganz ungewöhnliche Schwierigkeiten darbietet.

Im Herbst 15 stand ein römisches Heer in der Gegend östlich von Warendorf, welche von den Flüssen Ems und Lippe eingeschlossen wird. Es befand sich hier nicht weit von dem Schlachtfelde, auf dem das varianische Heer erlag. In der bezeichneten Gegend und in deren Nähe findet sich nur ein ganz ungewöhnliche Schwierigkeiten darbietendes Terrain, — das südlich der Stadt Beckum, zwischen Ems und Lippe, von jener etwa 2½, von dieser ⅔ Meilen entfernt, ganz so beschaffen, wie dasjenige, welches Dio Cassius schildert; noch heutiges Tages könnte ein Heer in ähnlicher Lage wie das varianische, darin seinen Untergang finden. — Dieses Terrain liegt so weit von der Weser entfernt (über 12 Meilen), daß zugegeben werden kann, es sei den Deutschen möglich gewesen, in der Nähe desselben ihre Streitkräfte zu sammeln, ohne daß die in einem Lager an der Weser stehenden Römer es merkten.

Vellejus (II, 119), Florus (IV, 12), Strabo (I, 1) geben als Hauptursache der Niederlage des varianischen Heeres Wälder und Sümpfe an. Noch jetzt ist die Gegend südlich von Beckum reich an Wäldern. In dem fruchtbaren Boden gedeihen alle Baumarten vortrefflich; sie erreichen eine ungewöhnliche Höhe und Stärke. Der Niederwald ist an den meisten Stellen äußerst dicht; Schlingpflanzen und Dornen wuchern zwischen dem Gebüsch; dasselbe wird dadurch fast undurchdringlich. — Eigentliche Sümpfe konnten es nicht sein, wovon die Alten sprechen; darin läßt sich eine große Schlacht nicht schlagen. Im Kreise Beckum ist eine Bodenart vorherrschend, Klei genannt, entstanden aus verwittertem Kalkstein (westfälischem Kreidemergel), zäher, anklebender, wie der Klei in anderen Gegenden. Bei Regenwetter wird er ½ bis ¾ Fuß tief aufgelös't und sumpfähnlich. Wie sollten die Römer solchen aufgelös'ten, ihnen ganz unbekannten

Böden nennen? Sie wußten kein anderes Wort dafür als „Sumpf."
Dio nennt die Gegend, in welcher gekämpft wurde, schluchtenreich und
geklüftet. In der bezeichneten Gegend finden sich überaus viele kleine
Höhen, Thäler, Versenkungen und Klüfte.

Wie Varus nach meiner Ansicht in die Gegend von Beckum
gerieth, wird weiter unten angegeben werden.

### III. Die Pontes longi.

Nach meiner Annahme finden sich solche in dem großen Bur=
tanger Moor, an der Ostgrenze des Königreichs der Niederlande.

Germanicus Vorhaben war, die Niederlage des Varus zu rächen.
Er bekämpfte die Völker, welche sich dabei betheiligt hatten, eins nach
dem andern. Im Jahre 14 hatten die Marsen (zwischen Lippe und
Ruhr), im Frühjahr 15 die Chatten, büßen müssen. — Im Herbst
des Jahres 15 sollten die Brukterer gezüchtigt, auch von der Ver=
einigung mit den Cherusken, welche im folgenden Jahr die Reihe
traf, abgehalten werden. (Tacit. Ann. I. 60 f.) Er fuhr deshalb
mit etwa 400 Schiffen, welche 4 Legionen (mindestens 22,000 Mann)
trugen, den Emsstrom hinauf. Die Schiffe müssen, da auf jedem,
außer den Kriegsmaschinen, und dem Bedarf an Lebensmitteln, 50
bis 60 Soldaten und die nöthige Zahl Ruderer fortgeschafft wurden,
einen nicht geringen Umfang gehabt haben. Mit größeren Schiffen
kann der Emsfluß höchstens bis Rehde, etwas über die Südgrenze
Ostfrieslands hinaus, — so weit sind Ebbe und Fluth noch bemerk=
bar, — und nur zur Zeit der Fluth, befahren werden. Germanicus
kam bis dahin, bis Rehde. Hier stießen Pedo mit der Reiterei
von den Niederlanden her, und Cäcina, der 40 Cohorten durch den
nordwestlichen Theil des Brukterer= jetzigen Münsterlandes, geführt
hatte, zu ihm. Für Pedo war auf dem Marsche bis zur Ems nur
ein Weg offen, der über das jetzige Fort Burtange; derselbe führt
gerade nach Rehde: ein Grund mehr für die Annahme, hier, am
linken Ufer der Ems, habe die Vereinigung der drei Korps stattge=
funden. Cäcina's Korps rückte wahrscheinlich nur soweit heran, daß
die Spitze desselben mit den beiden anderen Armee=Abtheilungen zu=
sammentraf. Die Schiffe, auf welchen Germanicus 4 Legionen her=
geführt hatte, konnten, nachdem die Truppen (bei Rehde) ans Land
gestiegen waren, auf der unteren Ems, im Lande der Friesen und
Chauken, damals Rom's Verbündeten, ohne Besorgniß zurückgelassen
werden. — Vom Schlagen einer Brücke über den Emsfluß weiß

Tacitus, der sonst des Brückenschlagens stets gedenkt (Ann. I. 49, 56, II. 8, 11), nichts zu melden. Ohne eine solche konnte aber die Armee, mit ihrem bedeutenden Troß, namentlich die Reiterei unter Pedo, nicht vom linken aufs rechte Ufer gelangen. Es liegt also am Tage, daß die ganze vereinigte Armee am linken Ufer blieb. Diesem Ufer des Flusses entlang ziehend, drang sie in das Bruktererland, bis zu dessen äußerster östlichen Grenze, vor. Nach einem angeblich unentschieden gebliebenem Kampfe kehrte (Ann. I. 63) das römische Heer an die Ems zurück. In der Nähe dieses Flusses hatte das Heer, oder mindestens dessen linker Flügel, sich während des Zuges fortwährend befunden; die Worte „Bald darauf führte er (Germanicus) das Heer wieder an die Ems", (Mox, reducto ad Amisiam exercitus) können daher nur dahin gedeutet werden, das Heer sei nach dem Punkte an der Ems zurückgeführt, wo die Schiffe lagen. Daß sie so zu verstehen sind, geht auch aus den unmittelbar auf die angeführten folgenden Worten hervor: „und brachte die Legionen auf Schiffen, wie er sie hingeschafft hatte, zurück." Weiter wird gesagt: „Ein Theil der Reiterei erhielt Befehl, am Ufer des Oceans (durch den nördlichen Theil der Niederlande) nach dem Rheine zu ziehen"; Cäcina, der sein eigenes Heer führte, ward bedeutet, „er solle, wie wohl er auf bekannten Wegen zurückgehe, die langen Brücken (pontes longos) sobald als möglich überschreiten." Wie das gesammte Heer, befand sich auch die Abtheilung unter Cäcina an der unteren Ems. Dieser konnte, da das Gesammtheer von den Deutschen gewichen war, mit seinen 4 Legionen allein den Weg durch das Bruktererland zurück nicht nehmen; ihm stand ein anscheinend weit sicherer und jedenfalls geraderer Weg nach dem Niederrheine offen, der durch's Burtanger Moor. Mitten in diesem Moore liegt eine sandige Landenge, Westerwolde (Westerwald) genannt. Ueber diese führte der Weg. Nach Westen wird Westerwolde aber vom Moor eingeschlossen. In diesem Moore, genau in der Richtung, die Cäcina einzuhalten hatte, findet sich eine Brückenanlage, deren römischer Ursprung nachgewiesen worden. (Drentsche Oudheiden, door L. J. F. Janssen, Utrecht 1848, Art. „de Valtherbrug"). Alle Umstände lassen schließen, daß diese Brückenanlage diejenige ist, welche in den Annalen die pontes longi genannt worden, um so mehr, da die Worte „cetera limosa", „locus uligine profunda" ic. nur auf ein Torfmoor bezogen werden können. Die kleine Landschaft Westerwolde (sie mag etwa 3½ ☐ Meilen groß sein) ist im Correspondenzblatt der deutschen Geschichtsvereine,

Jahrgang 1859, Nr. 1 S. 5 folg. näher beschrieben. Fast ringsum von ausgedehnten Torfmooren umgeben, hat sie im Innern einige Hügel und dünenartige Erhöhungen; auch wird sie von Bächen durchflossen, die leicht austreten. Daß sie einst stark bewaldet gewesen, bezeugt ihr Name; noch jetzt ist sie reich an Gehölzen. Ihre Aehnlichkeit mit der, welche Tacit. Ann. I. 63 folg. beschreibt, fällt in die Augen.

Diese Annahmen fanden in einer Rezension Widerspruch, in anderen Zustimmung. Ausführlich werden sie besprochen in der, dem Werke: „Geschichte der Völkerwanderung" von Eduard von Wietersheim, Dr. phil., Band I. S. 434 f. beigefügten Nachträgen zu früheren Abhandlungen des Verfassers über den Feldzug des Germanicus an der Weser u. s. w. Die Nachträge enthalten nicht blos Ausstellungen gegen die oben angeführte Schrift: „Das römische Kastell Aliso u. s. w.", sondern auch ungenaue Anführungen. Auf diese machte ich, bald nach dem Erscheinen des betreffenden Heftes, den Verfasser aufmerksam. Obgleich eine Berichtigung nicht erfolgte, war ich doch Willens, die Sache auf sich beruhen zu lassen und den Lesern die Beurtheilung der Ausstellungen zu überlassen. Eine im vorigen Jahre in der wissenschaftlichen Beilage der Leipziger Zeitung Nr. 64 folg. erschienene, dann auch im Correspondenzblatte der deutschen Geschichtsvereine, Jahrgang 1862, Nr. 1 folg. abgedruckte, dem v. Wietersheim'schen Werke sich anschließende Abhandlung, welche weiter unten besprochen werden wird, bringt jedoch fernere Ausstellungen so auffallender Art, daß ich nicht länger Anstand nehmen darf, mit Gegenbemerkungen hervor zu treten.

Zunächst ist auf die ungenauen Anführungen in dem v. Wietersheim'schen Werke aufmerksam zu machen.

1) Seite 452 wird darin gesagt:

„Wie ist es denkbar, daß man deren (der Schiffe im Winter 14—15) auch nur 500, geschweige denn 1000, wie Seite 154 vorausgesetzt wird, an einem Orte und gleichzeitig in Angriff genommen habe. — — Wie ist es ferner möglich, daß die sechs Legionen alle in Vetera lagen, was gleichwohl w. u. S. 155 vorausgesetzt wird u. s. w."

Die betreffenden Stellen in meiner Schrift sind wörtlich des Inhalts:

S. 154. „Es würde zu viele Zeit darüber hingegangen sein, hätte in den verschiedenen Orten ein Schiff nach dem andern gebaut werden sollen. Man wird sie sämmtlich gleichzeitig in Angriff genommen haben"..... Weiter: „Die an den verschiedenen Orten am Rheine gezimmerten Schiffe wurden stromabwärts gebracht, um in der Gegend zwischen Cleve und Arnheim zusammenzutreffen. Mußten auch von Straßburg und selbst noch weiter südlich gelegenen Orten Schiffe herbeigeführt werden, so konnte darüber, da es stromabwärts ging, doch höchstens eine Zeit von vier Wochen hingehen u. s. w."

S. 155. „Als die Schiffe gebaut waren, und Germanicus sich zu dem Zuge nach Aliso entschloß, mußte er die Truppen, welche er dazu verwenden wollte, erst zusammenziehen. Sie standen wahrscheinlich in den befestigten Lagern von Bonn bis Nimwegen; 4 bis 5 Tage verliefen mindestens darüber, bis sie sich bei Vetera, von wo aus der Zug erfolgte, gesammelt hatten u. s. w."

Beide Stellen enthalten also gerade das Gegentheil von dem, was v. W. behauptet. Hierbei eine Bemerkung. Seite 451 wird im v. Wietersheim'schen Werke gesagt:

„Wer kann aber die Zeit berechnen, welche zur Heranbringung von 1000 Schiffe, wie Essellen annimmt, (während ich diese, weil die vorigjährige Flotte gewiß noch vorhanden war, auf etwa 500 beschränke.) u. s. w."

Die betreffende Stelle Tac. Ann. II. 6, ist wörtlich des Inhalts: „1000 Schiffe schienen hinreichend und wurden schleunig gefertigt, (properataeque)."

Ich habe mich an diese Worte gehalten.

2) Seite 462 des Wietersheim'schen Werkes heißt es:

„Den dritten Schlachttag, an welchem nach Dio und Tacitus doch erst die letzte Verrichtung erfolgte, übergeht E. ganz mit Stillschweigen, scheint aber S. 64 und 65 anzunehmen, daß Varus noch am 2. Schlachttage das von den Germanen angegriffene Lager mit Anbruch der Nacht verlassen, dessen Nachhut sogar während der nun sogleich begonnenen Vernichtung noch darin gestanden habe."

Seite 58 findet sich in meiner Schrift ein besonderer Abschnitt, überschrieben: „Ueber die Dauer der Schlacht." Darin ist angenommen, der Kampf habe nur 2 Tage gewährt, jedoch unter dem Zusatze:

„Bei den folgenden Ausführungen macht es keinen wesentlichen

Unterschied, ob die Stelle auf diese oder jene Art (daß die Schlacht 3 oder nur 2 Tage gedauert) gedeutet wird. Denn wenn die Schlacht auch erst am Morgen des dritten Tages endete, so hatte das Schlachtfeld doch keine weitere Ausdehnung, da das Römische Heer an dem dritten Morgen wegen des Sturmes und Regens gar nicht, oder nur unbedeutend vorrücken konnte."

Zu vergleichen hierbei S. III. des Anhanges zu meiner Schrift und die Stelle Dio C. Buch 56, 21: „Kaum hatten sie sich mit Tagesanbruch auf den Weg gemacht, als heftiger Regen und starker Wind hereinbrach, der ihnen (den Römern) weder vorzurücken, noch festen Fuß zu fassen, verstattete, u. s. w." (Uebersetzung von Hortel). Es ist, was meine Ausführungen betrifft, völlig gleichgültig, ob die Dauer der Schlacht zu 2 oder 3 Tagen angenommen wird.

Den dritten Tag habe ich sonach keineswegs mit Stillschweigen übergangen.

Daß v. W. behauptet, auch nach Tacitus sei die Vernichtung des Varianischen Heeres erst am dritten Tage erfolgt, beruht wohl nur auf einem Irrthum.

3) Seite 463 sagt v. W.:

„Also der General, der, in höchster Bedrängniß seine Truppen bereits in einem, wenigstens halb vollendeten Lager concentrirt hat, soll diesen evidenten Vortheil aufgeben, um während des Angriffs in der Nacht ohne gebahnten Weg in langen Colonnen mit höchstens 3—4 Mann in der Fronte durch einen Wald zu defiliren.

Seite 62 f. meiner Schrift ist gesagt:

„Die Römer gaben am ersten Schlachttage die Mehrzahl der Wagen und was sonst nicht durchaus nothwendig, den Flammen oder dem Feinde Preis. Es wurden also nicht sämmtliche Wagen verbrannt oder zurückgelassen. Einen Theil derselben, wahrscheinlich mit den werthvollsten Sachen beladen, müssen die Römer mitgeführt haben, als sie am folgenden Tage weiter zogen. Eine Strecke kamen sie noch durch Wald. Darin konnten sie nur in schmalen Reihen marschiren; die Wagen waren schlecht von der Stelle zu bringen und veranlaßten sicherlich manche Stockung. Ueber den Abzug auch nur eines Theils des Heeres aus dem Lager wird sonach geraume Zeit hingegangen sein. Auf dem lichten Felde in aufgeweichtem Kleiboden, fortwährend im Kampfe mit der Zahl nach weit überlegenen Fein=

ben, war das Vordringen wieder sehr schwierig. Eine Armee, die nach allen Seiten hin sich schlagen muß, kann nicht zugleich den Marsch fortsetzen . . . . . . "

Dann Seite 63.:

„Aus verschiedenen Gründen ist anzunehmen, daß zu der Zeit (als die Schlacht endete) ein Theil des (römischen) Heeres noch im Lager stand. Wahrscheinlich hatte dieser Theil, weil die Voranziehenden zu geringe Fortschritte machten, nicht ausrücken können; auch durfte Varus das Lager, seinen einzigen Stütz= punkt, nicht eher räumen lassen, bis durch die Reihen der Feinde Bahn gebrochen, der Weitermarsch gesichert war. Daß es noch während der Schlacht behauptet worden, ergeben folgende Stel= len ꝛc. ꝛc."

Von Aufgeben des Lagers, einem Ausmarsche in der Nacht, mit höchstens 3—4 Mann in der Front ist also in meiner Schrift gar nicht die Rede. Im Gegentheil gründen sich Annahmen darin über die Dauer der Schlacht und die Ausdehnung des Schlachtfeldes gerade darauf, daß das Lager bis zur Beendigung des Kampfes be= setzt gehalten worden. Uebrigens möchten auch folgende Stellen hier= bei zu berücksichtigen sein: „Rüstow Heerwesen und Kriegsführung C. Julius Cäsar's ꝛc., S. 155 und 173, — Livius 34, 39, — Veget. 1, 21."

4) Seite 464 des v. Wietersheimschen Werkes wird gesagt, „die Länge der Marschlinie (des Varianischen Heeres) vom ersten Nachtlager bis zu dem Punkte, wo das Heer völlig niederge= hauen worden, sei von mir von 1 bis 4 meiner Karte (Tafel II.) angegeben worden; . . . . . diese Entfernung lasse sich in einer halben Stunde in mäßigem Schritte zurücklegen."

Das ist wieder nicht richtig; ich habe für die Marschlinie die Entfernung 1 bis 3 der Karte angegeben, (M. s. u. A. die Note 1 S. 65 meiner Schrift) und diese beträgt in gerader Linie reichlich $^2/_3$ Meile. Ein unbehinderter tüchtiger Fußgänger kann sie bei trock= nem Wetter, weil es bergauf und bergab geht, nicht in einer Stunde, bei Regenwetter, weil dann der Boden durchweicht ist und man alle Augenblicke ausglitscht, auch fortwährend Klumpen Klei an den Füßen mitschleppt, kaum in drei Stunden zurücklegen. Welche Zeit gebrauchte ein fortwährend im Kampfe begriffenes Heer bei'm scheußlichsten Regen= wetter, um von einem Punkte zum anderen zu gelangen!

5) Seite 464 sagt v. W. ferner:

„Am ersten Tage nun läßt E. das Römerheer mit unermeßlichem Trosse durch völlig unwegsamen Wald zwei Meilen marschiren, am zweiten von diesem befreit, besser geordnet, und größtentheils durch eine baumlose Gegend nur 25 bis 30 Minuten weit. Hat das auch nur einen Funken von Wahrscheinlichkeit für sich?"

In meiner Schrift wird sich die Annahme, das Römische Heer habe am ersten Tage einen Weg von zwei Meilen zurückgelegt, nicht finden. Nach meiner Ansicht ist am ersten Tage bald nach Eröffnung der Feindseligkeiten mit Anlegung des Lagers begonnen (S. 112). Daß an diesem Tage durch einen völlig unwegsamen Wald marschirt wurde, sagt Dio ausdrücklich. Dann beträgt die Länge des Weges am zweiten Tage nach meiner Annahme nicht 25 bis 30 Minuten, sondern ⅔ Meilen. Mehr wie diese größere Ausdehnung ist der Umstand zu berücksichtigen, daß der Boden in der Gegend bei Regenwetter sowohl für Fußgänger als für Pferde und Wagen in hohem Grade schwierig ist.

6) Seite 470 nimmt v. W. an, daß der mittlere Theil des Lagers im Harxbrok nicht stärker befestigt sei, wie der äußere Theil.

Der zweite Nachtrag zu meiner ersten Schrift über den Gegenstand enthält (S. 37) folgende Beschreibung des Lagers: „Die Wälle erheben sich auf dem Gipfel einer Anhöhe .... Sie bestehen aus äußeren, weniger vollendeten, oder mehr verfallenen, .... dann aus inneren weit stärkeren Wällen. Die äußeren, weniger vollendeten, oder mehr verfallenen Wälle schließen es (das Lager) nach Osten, Norden und Westen ein. . . . In dem durch diese Wälle begrenzten größeren findet sich ein kleinerer, ringsum mit starken Wällen umgebener Raum ꝛc. ꝛc."

Diese Worte ergeben wenigstens einigermaßen die bedeutendere Stärke der inneren Wälle. Freilich hätte diese mehr hervorgehoben werden können. Deshalb jetzt noch die Bemerkung, daß die Wälle des inneren Theiles weit höher und stärker sind, wie die des äußeren Theiles; sie lassen sich mit den Erdwällen unserer jetzigen kleineren Festungswerke vergleichen und bestehen nach einer Seite (Südwesten) aus breiteren Wällen, die oben in zwei Kämmen auslaufen. Dieser Theil gleicht einem Doppelwall.

Auf diese und ähnliche Mißverständnisse gründen sich zum Theil die Einwürfe in dem v. Wietersheimschen Werke, die wir jetzt durchgehen wollen.

## A. Das Kastell Aliso betreffend.

Ueber die Errichtung des Kastells finden wir in Dio Cassius Buch 54, Kap. 33 folgende Nachrichten.

"Mit dem Anfange des Frühlings (Jahr 11 vor Chr.) brach Drusus wieder zum Kriege auf. Er ging über den Rhein und unterwarf die Usipeten. Nachdem er über die Lippe eine Brücke geschlagen hatte, fiel er in das Land der Sigambern (der jetzige Regierungs-Bezirk Arnsberg, mit Ausschluß der Kreise Siegen und Wittgenstein) ein, durchzog es und gelangte so in das Land der Cherusken und bis an die Weser. Er konnte das, weil die Sigambern, aufgebracht gegen die Chatten, welche von den angrenzenden Stämmen allein nicht ihre Bundesgenossen hatten sein wollen, mit ihrer ganzen Mannschaft gegen diese im Felde standen. So konnte er ungehindert durch ihr (der Sigambern) Land ziehen. Er würde auch wohl über die Weser gegangen sein, wenn er nicht am Nothwendigsten Mangel gelitten hätte und nicht der Winter vor der Thür gewesen wäre, auch ließ sich in seinem Lager ein Bienenschwarm sehen (dies galt damals als ein böses Vorzeichen). Dies bewog ihn, nicht weiter vorzurücken. Als er sich in Freundesland (wahrscheinlich nach dem Lande der Brukterer, — dem jetzigen Regierungs-Bezirk Münster) zurückziehen wollte, gerieth er in eine furchtbare Gefahr. Einmal nehmlich hatten ihn die Feinde, die ihm auch sonst durch Hinterhalte manchen Schaden zufügten, in einer engen Thalschlucht eingeschlossen und dem Verderben nahe gebracht. Sie würden die Römer vernichtet haben, wenn sie dieselben nicht zu gering geachtet, gleichsam als Gefangene angesehen hätten, zu deren Vernichtung es nur noch eines Schwertstreiches bedürfe, und deshalb ohne Regel und Ordnung auf sie losgestürzt wären. Da sie in Folge dessen besiegt wurden, schwand ihr Muth; obwohl sie die Römer noch aus einiger Entfernung beunruhigten, wagten sie sich doch nicht mehr an dieselben heran. Deshalb dachte nun Drusus umgekehrt gering von ihnen und legte am Zusammenflusse der Lippe und des Eliso ein Kastell gegen sie an; ein zweites errichtete er im Lande der Chatten, hart am Rhein."

Diese Nachrichten sind von mir S. 46 der größeren Schrift dahin gedeutet:

"Drusus fand auf dem Zuge nach der Weser den besseren, oder vielmehr den allein brauchbaren Weg, Xanten gegenüber, vom Niederrhein aus, am rechten Ufer der Lippe bis in die Gegend von Hamm;

von dort über den Haarstrang. Dieser Weg war auch ziemlich der gerabeste. Hielt er diesen Weg ein, so mußte die Brücke über die Lippe in der Gegend von Hamm geschlagen werden. Sie blieb stehen, um später, wenn das Heer zurückkehrte, oder für den Fall, daß ein Rückzug nothwendig werden sollte, benutzt werden zu können. Der Rückmarsch erfolgte in derselben Richtung, wie der Hinmarsch. Die Lippe wurde also wieder an der Stelle erreicht, wo die Brücke stand. Aus den Befestigungen an beiden Seiten der Brücke konnte leichter das Kastell hergestellt werden, das während des Rückmarsches errichtet wurde; es noch spät im Jahre von Grund auf neu zu erbauen, war kaum möglich. Das Kastell wurde am Zusammenfluß des Elifo oder Alifo und der Lippe angelegt. Von den Nebenflüssen der Lippe ist die Ahse der wasserreichste, zur Deckung einer Festung am meisten geeignete. Die Aehnlichkeit zwischen den Namen Alifo und Ahse ist unverkennbar. Der Raum, den Ahse und Lippe am ehemaligen Zusammenflusse einschließen, war zur Anlegung einer kleinen Veste gut geeignet; im Mittelalter (bis 1226) stand hier eine neuere Veste, das Schloß Nienbrügge. Drusus konnte voraussetzen, daß es möglich sein werde, die Verbindung mit einem Kastell an dieser Stelle fortwährend zu unterhalten. Er brauchte nur eine geringe Besetzung darin zurückzulassen, und für eine solche waren die nöthigen Vorräthe leichter herbeizuschaffen. Es ist also im höchsten Grade wahrscheinlich, daß Drusus hier das Kastell anlegen ließ."

Dagegen wird in dem v. W.'schen Werke gesagt: „Warum nimmt er (E.) das an? Unzweifelhaft, weil er von der vorgefaßten Meinung ausgeht, Alifo habe bei Hamm gelegen, daher diese Stelle, der allerdings wohl durch einen Brückenkopf leicht befestigt wurde, und als denjenigen bezeichnen will, wo am Schluße des Feldzuges das Kastell Alifo errichtet wurde. Indeß darf ich gerade eine Ergänzung der Quellen im Prinzip nicht anfechten. Was aber vermag zu einer solchen, wenn sie nicht in reine Willkühr ausarten soll, allein berechtigen? Eine dringende Militairraison. Was führt nun E. an? Nichts als die größere Wegsamkeit des rechten Lippeufers, wogegen der Boden am linken ein sehr schmieriger sei. Fürchtete sich aber Drusus vor schlechten Wegen, wie konnte er überhaupt auf den Gedanken kommen, das ihm völlig unbekannte Germanien, in dem es keine Straßen gab, vom Rheine bis zur Weser quer zu durchziehen?"

Die Lage von Alifo ist blos durch die von v. W. angegebenen, sondern auch durch andere Gründe wahrscheinlich gemacht. Die Annahme, das Kastell sei aus Brückenköpfen hervorgegangen, stützt sich darauf, daß es bei den Römern Regel war, Brücken, welche im Beginne eines Feldzuges geschlagen wurden, bis zur Beendigung desselben stehen zu laffen und an beiden Seiten mit Befestigungen zu versehen, (Jul. Cäs. de b. g. IV. 18, VI. 29, Rüstow Heerwesen ꝛc. Julius Cäsar's, S. 114, — zu vergl. auch Livius 21, 47); — dann auch auf den Umstand, daß der völlige Neubau der Veste nach Beendigung eines schwierigen Feldzuges, noch dazu spät im Herbst, zu den Unmöglichkeiten gerechnet werden kann. Dafür, daß Drusus bis zu dem Punkte an der Lippe geblieben, wo die Brücke geschlagen wurde, ist in meiner Schrift S. 60 angeführt:

„Vorhin ist darauf aufmerksam gemacht, daß Drusus, als er vom Niederrhein her vordrang, um in das Singambernland einzufallen, nur am rechten Ufer der Lippe bis in die Gegend von Lünen oder Hamm einen Boden antraf, auf dem sein Heer sich ohne Schwierigkeiten bewegen konnte; — ferner, daß die Ruhr sich Hamm gegenüber südöstlich wendet und erst von dort an der bis dahin schmale Landstrich zwischen Ruhr und Lippe sich weiter ausdehnt; endlich, daß Drusus wahrscheinlich nur diesen einigermaßen beträchtlichen Theil des bezeichneten Landstrichs durchzogen hat. Daß der Marsch wirklich durch diesen Landestheil ging, unterliegt keinem Zweifel; von demselben aus wurde ja in das Land der Cherusken eingerückt. Fand Drusus nun bis Lünen oder Hamm am rechten Ufer der Lippe den besten Weg, erreichte er von Hamm aus zunächst den beträchtlicheren Theil des Landstrichs zwischen Ruhr und Lippe, so ist wohl Grund zu der Vermuthung vorhanden, daß er sich ungefähr bis Hamm am rechten Ufer gehalten habe, hier die Brücke geschlagen und der Uebergang auf's linke Ufer erfolgt sei."

Hieraus geht schon hervor, daß von mir keineswegs auf die Beschaffenheit der Wege allein Rücksicht genommen ist. Was die Bemerkung anlangt, Drusus habe sich vor schlechten Wegen nicht scheuen dürfen, so ist darauf zu erwiedern, daß der römische Feldherr, wenn es nicht anders ging, sich durch Terrainschwierigkeiten vom Vorgehen gewiß nicht abhalten ließ, daß er aber, wo ihm zwischen guten und schlechten Wegen die Wahl blieb, unzweifelhaft jene vorgezogen haben wird. Drusus war das Innere Germaniens vor seinem Einbringen in dasselbe sicher nicht völlig unbekannt; er wird vor dem Zuge und während desselben die von römischen Feldherrn stets beachtete Vorsicht gebraucht, und über die Beschaffenheit der Gegenden, welche er durchziehen wollte, Erkundigung eingezogen haben. Zu vergleichen Vegetius d. r. m. III. 6. Die Behauptung, es habe zu Drusus Zeiten noch keine Wege in Deutschland gegeben, ist mindestens eine übertriebene. Es verlohnt sich wohl der Mühe, darüber Dr. Brehmers Werk „Entdeckungen im Alterthum" Band II. nachzuschlagen. Der Weg an der Lippe wird zu den ältesten in Deutschland gerechnet. Wenn, was tüchtige Männer, u. A. der Pfarrer Müller in Elsen annehmen, dieser Weg schon zu Drusus Zeiten existirte, so wurde er selbstredend, so weit es ging, eingehalten; war er noch gar nicht oder nur nothdürftig gebaut, so konnte er leicht einigermaßen in Stand gesetzt werden, da er fast überall durch trocknen Sandboden führt. Gegenüber, am linken Ufer, vom Rheine bis Lünen ist der Boden auf bedeutenden Strecken bruchig und sumpfig. Was hätte Drusus bestimmen können, dennoch durch diese Gegend, in der noch nie eine an der Lippe her laufende Straße bestanden hat, zu marschiren?

v. W. hält nach S. 446 seines Werkes die Lage Aliso's für ein mit völliger Sicherheit nicht zu lösendes Problem. Es sei, meint er, „schlechterdings nur entweder bei Elsen oder Liesborn, oder vielmehr Lippstadt zu suchen; doch vermöge er nicht, den für Hamm angeführten Gründen alle Berechtigung abzusprechen. Gleichwohl erscheine ihm fortwährend die Lage bei Lippstadt die wahrscheinlichste, hauptsächlich deshalb, weil Drusus durch Anlegung dieser Festung die Cherusker vorzugsweise habe bedrohen müssen. Daß aber eine solche bei Hamm, näher dem Rheine als der Weser, gegen 7 bis 8 Meilen von deren westlichen Grenze entfernt, nichts Schreckendes für die Cherusker gehabt haben könne, bedürfe wohl keiner Begründung."

Drusus hatte durch die Festung vorzugsweise die Cherusken bedrohen wollen? Soviel die vorliegenden Nachrichten ergeben, hatten die Römer mit diesem Volke (es wohnte im jetzigen Regierungsbezirk Minden, im Lippeschen und in dem Theile von Hannover und Hessen, der am rechten Ufer der mittleren Weser liegt) bis zum Jahre 11 vor Chr. nie Krieg geführt, oder auch nur mit demselben in Berührung gestanden. Die Römer zählten die Sigambern zu ihren hartnäckigsten Feinden; auf deren Bezwingung hatten sie es besonders abgesehen. Wenn es heißt, das Kastell sei gegen „die Feinde" angelegt, so sind darunter vornehmlich die Sigambern zu verstehen. Bei Hamm lag das Kastell dem Centrum des Sigambernlandes gegenüber, also ganz passend. Weiteres hierüber in den Gegenbemerkungen zu der S. 5 oben angeführten Abhandlung.

Die aufgenommene Stelle aus Dio Cassius (Seite 10 oben) ergiebt, daß Drusus, auf dem Rückwege begriffen, durch Hinterhalte manchen Schaden erlitt, bevor die Schlacht (bei Arbalo) geschlagen wurde. Es kann also nicht gleich, oder bald nach dem Aufbruche aus dem Lager an der Weser zum Kampfe gekommen sein. Waren drei Tage auf dem Rückwege zugebracht, bevor die Schlacht begann, so konnte eine Stelle auf dem Haarstrang südöstlich von Soest, etwa 12 Meilen von der Weser, welche ich, wie weiter unten vorkommen wird, als das Schlachtfeld ansehe, erreicht sein. Nach der Schlacht ging Drusus noch weiter zurück; erst dann erfolgte die Anlegung des Kastells an der Lippe, und zwar, da wohl unzweifelhaft derselbe Weg, wie auf dem Hinmarsche eingehalten wurde, an eben der Stelle, wo die Brücke geschlagen war. Hier bedurfte es nur einer Erweiterung der schon vorhandenen Befestigungen (Brückenköpfe). Eine zur Anlegung der Feste besser geeignete Stelle bot sich ihm am Lippeflusse nicht dar. Hier diente das Kastell zum Schutz und Angriff gegen die Sigambern im Süden, gegen die Brukterer, — sicher nur erzwungene Verbündete Roms, — im Norden; es beherrschte den Lippefluß und konnte die Kommunikation mit Castra vetera immerdurch unterhalten.

Im v. Wietersheimschen Werke wird S. 448 gesagt: „Der Zweck (der Festung Aliso) ward offenbar um so mehr erreicht, je ferner sie dem Rhein, je näher der Weser lag. Zu fürchten aber war dabei gar nichts, weil die Germanen, deren Kriegskunst damals überhaupt von der später durch römische Feldherrn ausgebildeten noch weit entfernt war, des Belagerungskriegs gänzlich unkundig, die Brukterer aber, an deren Grenze Aliso jedenfalls lag, Rom verbündet waren, was ich aus überzeugenden Gründen ebenfalls annehme."

Darauf nur: Das Kastell war das erste, welches die Römer an der Ostseite des Rheines anlegten, die nächste Zeit nach der Anlegung auch das einzige, welches sie nach dieser Seite hin besaßen. Wenn es bei Lippstadt oder gar Elsen lag, konnte es im Winter vom Rheine aus kaum erreicht werden. Zugegeben, daß die Deutschen von der Belagerungskunst noch nichts verstanden, so fehlte es ihnen doch nicht an gesundem Menschenverstande; sie mußten darauf kommen, daß ein so weit abgelegenes Kastell durch Einschließung und

Aushungerung, wenn nicht zur Uebergabe gezwungen, doch unschädlich gemacht werden könne.

Drusus mußte vor Allem für die neue Feste eine Stelle an der Lippe wählen, die sich vom Rheine aus zu Schiffe erreichen ließ. Die Beschaffenheit der Flüsse in damaliger Zeit kennen wir nicht. Sicher ist, die Ueberreste alter Bette liefern den Beweis, daß ihr Lauf kein geregelter war, daß derselbe sich mitunter änderte und daß sich bald hier bald dort Arme bildeten. Die Schifffahrt auf den Flüssen war gewiß in vieler Hinsicht schwierig. Die Lippe wurde zur Zeit der Römer befahren, (Tacit. Ann. 5, 22.) aller Wahrscheinlichkeit aber nicht sehr weit flußaufwärts, wohl nicht weiter, als bis dahin, wo sich durch die Einmündung der bedeutenderen Nebenflüsse Stever, Sesike und Ahse ihr Wasserreichthum vermehrt\*). Die Flußverbindung war offenbar je mehr die Feste nach Osten hin lag, je schwieriger, über die Ahsemündung hinaus schwerlich möglich; für die Römer ging aber ein großer Vortheil verloren, wenn sie auf diese Verbindung verzichten mußten. Die Annahme, der Zweck des Kastells sei um so mehr erreicht, je ferner es vom Rheine entfernt gewesen, hat sonach eben nichts Einleuchtendes.

Hierzu noch einige Bemerkungen.

Plinius nennt den Ort der Schlacht, wovon oben die Rede war, Arbalo. Eine Stunde südöstlich von Soest, am nördlichen Abhange des Haarstranges, liegt ein muldenartiges Grundstück „Balloh" genannt. Dieser Name scheint in den ältesten Zeiten einzelnen Orten beigelegt gewesen zu sein, an welchen Volksversammlungen gehalten wurden. Es findet sich noch ein Balloh bei Coesfeld, ein anderes bei Rolde, Provinz Drenthe, Königreich der Niederlande. Letzteres besteht ebenfalls aus einer Art Mulde. (Korte Beschryvinge van eenige vergetene etc. Antiquiteten etc. t'samen vergadert door Johan Picardt, Theologum et Doct. med., Amsterdam 1660 S. 143.) Weil es verschiedene Balloh's gab, mochte jedes eine Nebenbezeichnung haben, das am Haarstrang, kurzweg gewöhnlich bloß „Haar" genannt, nach diesem Gebirgszuge „Haar-Balloh." Wie leicht konnte ein Römer daraus „Arbalo" machen! Fand nun die Schlacht zwischen den Deutschen und den Römern unter Drusus bei diesem Balloh

---

\*) Daß die Lippe bis ungefähr 2 Meilen westlich von Hamm von den Römern befahren worden, läßt sich geradezu beweisen. Es sind nehmlich im Flußbette Sachen unzweifelhaft römischen Ursprungs gefunden, u. A. eine über 2 Fuß hohe Amphora. Diese befindet sich im Provinzial-Museum zu Münster.

Statt, so war das römische Heer zur Zeit derselben schon einige Meilen westlich über Lippstadt hinaus. Sollte Drusus, mit genauer Noth einer vollständigen Niederlage entronnen, wieder umgekehrt und nach der Gegend von Lippstadt zurückmarschirt sein, um dort eine Festung zu bauen? Uebrigens ist auch sonst gar nicht abzusehen, wie Drusus, wenn er den alten Weg über den Haarstrang innehielt, je nach der Gegend von Lippstadt gekommen sein könnte.

v. W. gesteht in einer Note S. 447, die Namensähnlichkeit sei bei dem Balloh an der Haar vollständig da; er halte es aber für höchst unwahrscheinlich, daß die Germanen Drusus von Höxter aus etwa 12 Meilen weit die Berge ruhig hätten passiren lassen, um ihn an deren Fuße, fast in der Ebene, anzugreifen.

Und gerade das ist wahrscheinlicher. Die Vorbereitungen zur Schlacht, wozu namentlich der Anmarsch der verschiedenen Schaaren und die Auffstellung derselben in der Nähe eines gewissen Punktes gehörte, durften, damit der feindliche Feldherr nichts davon merkte, nur in einer erheblichen Entfernung von seinem Lager getroffen werden. Uebrigens ließen die Deutschen das römische Heer auch nicht ganz ungehindert bis Arbalo ziehen; sie neckten es während des Marsches von Hinterhalten aus, wahrscheinlich, um durch diese Plänkeleien ihr eigentliches Vorhaben zu verdecken.

Dann ist von mir die Stelle im Vellejus Paterculus II. 10 5: „in cujus mediis finibus, ad caput Juliae fluminis, Liberna digrediens princeps locaverat" besprochen. Einen Fluß Julia oder ähnlichen Namens, gibt es im nördlichen Deutschland nicht. Die Annahme, statt Julia sei Luppia zu lesen, scheint mir willkührlich; eher meine ich, könne caput Fuldae gelesen werden, weil Julia und Fulda aus 5, Luppia aus 6 Buchstaben bestehen, augenscheinlich aus IVLIA eher FVLDA als LVPPIA gemacht werden kann, — ein Lager an letzterem Flusse, etwa an dessen Mündung mehr in der Mitte Deutschlands liegt, wie eins an der Lippequelle, und endlich, weil, als das Lager zum zweitenmale bezogen wurde, von demselben aus ein Heer nach Böhmen geführt werden sollte. Man braucht nur auf die Karte zu blicken, um sich zu überzeugen, daß ein Lager an der Fulda geeigneter lag. Näheres darüber in meiner Schrift S. 50.

In dem v. Wietersheimschen Werke wird bei caput lupiae stehen geblieben. Dio Cassius heißt es darin, habe auch nur mit einem π geschrieben. Freilich; dessen Werk ist aber in griechischer Sprache abgefaßt; es kommt nicht darauf an, wie die Griechen, sondern darauf, wie die Lateiner schrieben. — Und in keinem lateinischen Werke wird man den Flußnamen mit einem einfachen p finden. Beim Winterlager an den Lippequellen beharrt v. W., weil es ja nach alten Annahmen in der Ruhe eines Aliso bei Elsen oder Lippstadt gelegen haben soll. Daß Vellejus, wäre das Winterlager dem Kastell nahe gewesen, dessen doch wohl eben erwähnt haben würde, wird nicht bedacht.

Von mir ist noch hervorgehoben, daß von den Namen der in die Lippe mündenden Flüsse: Pader, Alme, Glenne (worin die Liese sich ergießt), Ahse, Sesicke und Stever, der Name Ahse die größte Aehnlichkeit mit Aliso habe; zudem sei dieser der bedeutendste Nebenfluß der Lippe.

v. W. bemerkt hierüber S. 450: „Auf Namensähnlichkeit wenig Werth setzend, ist es doch sehr bemerkenswerth, daß die alten Eigennamen der Flüsse Germaniens bis auf unsre Zeit im Wesentlichen unverändert geblieben sind. Nur die Anlaute hat der Wandel der Sprache getroffen, so wie denn selbstredend auch die Endungen latinisirt .... wurden. S. z. B. Ems **Amasia (Amisia)**, Elbe **Albis**, Eder **Adrana**, Saale **Salas** ꝛc. Das Entscheidende sind hierbei überall der Mitlauter des Hauptstammes. Dieses ist bei dem von Dio, Elison benannten Flusse lis, die entscheidenden Consonanten sind l und s. Beide finden sich wieder in den Flußnamen Else (existirt nicht in der Lippegegend, oder sollte der Elsebach im Fürstenthum Lippe gemeint sein?) und Liese, ja in letzterem zugleich der Stammvokal, während in dem Namen der Ahse bei Hamm gerade der erste, daher der bezeichnendste der Mitlauter, das l vollständig fehlt. In den, auf officiellen Grundlagen beruhenden Karten der Provinz Westfalen und des Regierungs-Bezirks Münster wird dieser Fluß übrigens nicht Ahse, sondern Aase genannt. Aa (dem norddeutschen Aue verwandt) ist aber gar kein Eigenname, sondern nur die allgemeine Bezeichnung für Bach und Wasser überhaupt u. s. w."

Zunächst sei auf Letzteres erwidert, daß es nicht darauf ankommt, wie der Eine oder Andere den Namen aufgefaßt und niedergeschrieben hat, nur darauf, wie er im Munde des Volks lautet. Der Fluß heißt im Niederdeutschen „Ahse", aber etwas schärfer, ungefähr wie „Ahße"; das A klingt dabei nach plattdeutscher Art in etwa wie O. — Keinem, der an der Ahse wohnt, wird es einfallen, die erste Sylbe mit Aa zu schreiben. Was ferner den Haupteinwand betrifft, daß in Ahse das l fehle, so bedarf es nur der Anführung eines Urtheils des verstorbenen Professors E. M. Arndt in Bonn. Derselbe erfreute mich im April 1858 durch ein Schreiben, dem ich folgende Zeilen entnehme:

„Nun noch eine Bemerkung darüber, daß Sie Ihr Aliso bei Hamm richtig gefunden haben. Sie haben auf den Namen „Ahse" nicht Gewicht genug gelegt. Die Römer nennen sie flumen Alisonis; das ist ja ipsissimus Ahse unserer Tage. Der Plattdeutsche, der Niederländer und Holländer läßt in der Aussprache das l vor s immer weg, er sagt statt „als" „as", also Ason oder Asen für Alsen. So spricht der Schleswiger plattdeutsche Bauer auch ungefähr den Namen seiner Insel Alsen aus. Zu bemerken ist noch, daß die alten Germanen für die neue Endigung des en häufig in Namen und Zeitwörtern das vollere on hatten."

Wesentliche Auskunft über die Lage Aliso's gibt die Stelle Tacit. Ann. II, 7.:

„Während die Schiffe (im Frühjahr 16) zusammengebracht wurden, führte er (Germanicus) auf die Nachricht, daß das Kastell Aliso am Lippeflusse belagert werde, 6 Legionen dahin..... Die Deutschen zerstreuten sich auf das Gerücht seines Anmarsches. Doch hatten sie den Grabhügel, den er kurz vorher den varianischen Legionen errichtet, und den alten Altar zu Ehren des Drusus zerstört. Diesen stellte er wieder her, ..... den Grabhügel zu erneuern, hielt man nicht für angemessen. Auch wurde das ganze Land zwischen Aliso und dem Rheine durch neue Grenzwälle und Dämme (Erdwerke) gründlich befestigt."

In meiner Schrift ist S. 153 f. ausgeführt, wie wenig sich die Ausführung der so sehr bedeutenden Erdarbeiten, deren am Schlusse Erwähnung geschieht, als möglich denken lasse, wenn Aliso an der Stelle von Lippstadt oder Elsen angenommen werde. v. W. bemerkt dagegen:

„...... komme ich darauf zurück, daß uns die Zeit der Berennung Aliso's und des Entsatzes völlig unbekannt ist, erstere daher eben so gut Anfang Mai, als Anfang Juni erfolgt sein kann, jedenfalls aber die als Hauptgrund hervorgehobene Behauptung, daß ein Straßen- und Befestigungsbau vom Rheine bis Elsen nicht in 10 Tagen habe ausgeführt werden können, selbst abgesehen von der Zeitfrage, auch in sofern irrig sein dürfte, als ein völliger Neubau der ganzen Militairstraße von

Aliso bis an dem Rhein weder aus Tacitus Worten mit Sicherheit zu folgern, noch an sich denkbar ist. War doch diese, im Jahre 10 v. Chr. ohnstreitig von Drusus angelegt, bis 9 Jahr nach Chr. in fortwährendem Gebrauch gewesen. Wohl mögen die Germanen Vieles, aber sicherlich nicht Alles von Grund aus demolirt haben, was durch Cäcina im Frühjahrs-Feldzug des Jahres 15 genau recognoscirt worden sein muß. Nur von Wiederherstellung der Straßendämme und Vermehrung der deckenden Seitenwälle an noch gefährdeten Stellen etwa kann hier daher die Rede sein. Eben so wenig ist daraus, daß Tacitus dessen erst nach Erwähnung des Marsches gen Aliso gedenkt, mit Bestimmtheit anzunehmen, daß die ganze Arbeit, deren früherer Beginn in der Nähe des Rheines wenigstens, keine Schwierigkeit finden konnte, lediglich während dieser Expedition ausgeführt worden sei."

Darauf folgende Bemerkungen. Der Feldzug im Frühjahr 16 kann nur wenige Wochen gedauert haben; in demselben Jahre wurden ja noch zwei andere Kriegszüge unternommen. Läßt sich die Ausführung der bedeutenden Arbeiten während des Frühjahrzuges nicht um so eher als möglich denken, je näher Aliso dem Rheine angenommen wird? — Sagt nicht Tacitus ausdrücklich: „novis limitibus aggeribusque permunita"? — War es nicht Germanicus nächste Aufgabe, das belagerte Aliso zu entsetzen, — durfte er vorher an Ausführung der Befestigungswerke denken? Daß Drusus einen Weg längs der Lippe angetroffen, oder gebaut habe, nehme auch ich an; wo aber findet sich ein Wort darüber, daß von ihm schon zu den Seiten desselben Befestigungen angelegt worden? Tiberius hatte einen Grenzwall nur begonnen (Ann. I, 50, Vellejus II, 120); kann als sicher angenommen werden, daß derselbe in die im Jahre 16 angelegten Werke mit hineingezogen sei? Daß mit dem Aufwerfen der Grenzwälle u. s. w. in der Nähe des Rheins der Anfang gemacht worden, bevor Germanicus den Zug nach Aliso unternahm, ist möglich, — aber auch nur möglich, durch nichts erwiesen. Nach Beendigung des Frühjahrzuges kann, da Germanicus alle disponibeln Truppen einschiffte, die Arbeit nicht fortgesetzt sein.

## B. Den Ort der Niederlage des römischen Heeres unter Varus betreffend.

v. W. kommt im Eingange seiner Ausstellungen gegen meine Annahme auf eine im Vorworte ausgesprochene Voraussetzung zurück. „Wer", sagt er, „die Quellen, und wo diese dunkel sind, die Militairraison als Entscheidungsnorm nicht anerkennen will, dem weigere ich den Kampf ꝛc. ꝛc." Ob v. W. auf meine Berichtigungen und Rechtfertigungen antworten wird, muß ich abwarten; — auf die Quellen und auf vernünftige Gründe habe ich mich stets zu stützen gesucht, dabei aber nicht unterlassen, auf die im Kriege so sehr in Betracht kommende Beschaffenheit des Terrains Rücksicht zu nehmen.

Ueber die Einwürfe in dem v. W.'schen Werke Folgendes. Seite 457 wird gesagt: „Beide [Reinking*) und E.] sprachen sich nirgends darüber aus, ob die Römer eine Militairstraße vom Rheine bis zu ihren Winter- und Sommerquartieren an der Weser hatten...... Mit Entschiedenheit aber behaupte ich: Es ist völlig undenkbar, daß die Römer einer Militairstraße bis Aliso, und von da bis zur Weser, in deren Nähe sie mehrere Jahre hindurch in Winter- und Sommerlagern standen, gänzlich ermangelt hätten. . . . . . Führte aber eine Militairstraße vom Lager nach dem bedrohten Aliso, was in aller Welt konnte Varus bewegen, nicht auf dieser, sondern quer durch einen Wald, wo eine Menge von Hindernissen zu überwinden und ein Weg erst zu bauen war, zu marschiren, wie dies Dio eben berichtet. Was soll man übrigens von einer Kriegslist denken, die keinen anderen Zweck hatte, als den Feind auf seiner Militairstraße nach seiner Festung zurückzulocken."

Meiner Seits ist darauf zu erwiedern: daß die Römer einen Weg vom Rheine nach Aliso (bei Hamm) hatten und zwar einen zu jeder Jahreszeit brauchbaren, habe ich besonders nachzuweisen, mich bemüht. (S. 3 f. meiner größeren Schrift.) Eines von mir angenommenen Weges, der von Aliso über den Haarstrang zur Weser führte, ist S. 29 eben das. gedacht — Daß Varus im Jahre 9 auf dem Wege nach der Weser diesen Weg über den Haarstrang eingehalten habe, ist von mir nicht geradezu hervorgehoben, weil ich das als selbstverständlich ansah. — Nach meiner Hypothese, der Hr. v. W.

---

*) In der Schrift des Kreisgerichts-Direktors Reinking in Warendorf „Die Niederlage des Quintilius Varus und Germanicus Kriegszug durch das Brukterlerland." (Warendorf, 1855.)

nicht widerspricht, war es ein Volk an der Südseite der Lippe, welches durch seinen Aufstand den Aufbruch des varianischen Heeres veranlaßte. Von mir ist ferner ausgeführt, daß dieses Volk kein anderes gewesen sein könne, als das der Marsen, welches damals die Gegend zwischen Lippe und Ruhr, östlich von Hamm, namentlich also auch den, einen bedeutenden Theil dieses Landstrichs einnehmenden Haarstrang, bewohnte. — Weil dieses Volk sich erhoben hatte, konnte Varus mit der großen Menge von Weibern, Kindern, den alten Weg über den Gebirgsrücken (den Haarstrang) nicht nehmen, er mußte erst die Unbewaffneten in Aliso unterzubringen suchen. War er nun, von der Weser westwärts ziehend, durch die Umstände verhindert, den gewohnten Weg einhalten zu können, — lag es da nicht sehr nahe, daß er den Weg durch die Gegend südlich von Beckum wählte, auf dem er nicht durch ein aufrührerisches Volk gehindert wurde, der noch dazu der geradeste war? — Zieht man nehmlich eine Linie von einem der genannten Einschnitte im Osning nach Hamm, — immer durchschneidet sie die Gegend südlich von Beckum, in der ich das Schlachtfeld finde.

Die Kriegslist der Deutschen ging nicht bloß dahin, Varus nach seiner Feste zu locken; er sollte, indem er dahin zog, durch Verlegung des gewohnten Weges gleichsam gezwungen werden, sein Heer in die Gegend zu führen, wo ihm dessen Ueberlegenheit in der Kriegskunst nicht zu Statten kommen konnte.

v. W. wiederholt S. 458 seine Ansicht über den Ort der Niederlage kurz dahin: „Ein südwestliches Volk war aufgestanden. Dahin führte (vom Lager an der Weser) die jetzige Straße über Detmold nach Paderborn. In Vertrauen auf die Hülfe der Germanen konnte der verblendete Varus direkt gegen die Rebellen zu marschiren wagen. Vom Augenblicke der Enttäuschung an war nur noch auf der Militairstraße Rettung möglich. Deshalb marschirte er vom 1. Marschlager, das ich bei Lemgo annehme, nach dem Dörenpasse, in dessen unmittelbarer Nähe er am 2. Abende lagerte, und am 3. früh die Militairstraße wirklich erreichte, auf und an welcher das schon geschwächte, vor Allem entmuthigte Heer durch Uebermacht der Feinde seinen Untergang fand." Der Abmarsch des römischen Heeres aus dem Lager an der Weser, die Hinmetzelung der an einzelnen Punkten zurückgebliebenen römischen Soldaten, — das Zusammenziehen der deutschen Streitkräfte, — dann die Schlacht selbst und die Vernichtung von 3 Legionen und 6 Kohorten soll in dem kurzen Zeitraum von drei Tagen, oder genau genommen vom Morgen des einen bis zum Morgen des zweiten darauf folgenden Tages, also innerhalb 48 bis 60 Stunden, erfolgt sein.

Gegen diese Annahme drängen sich erhebliche Zweifel auf.

1. **Das römische Heer soll gleich am ersten Tage nach dem Abmarsche aus dem Lager an der Weser von den Deutschen angegriffen sein.**

Darf den Führern der Deutschen so geringe Umsicht zugetraut werden, daß sie die Schaaren, deren Aufgabe es war, ein mächtiges Heer zu bekämpfen, in solcher Nähe eben dieses Heeres aufgestellt haben sollten? Ist es denkbar, daß den Römern die Aufstellung der Deutschen der Zahl nach ihnen sicher mindestens um die Hälfte überlegenen Streitmacht so ganz in ihrer Nähe unbekannt geblieben sein könne? — In dem ersten Nachtrage habe ich darüber gesagt: „Hiernach (nach der Stelle im Dio 56, Kap. 18—19) stand Varus vor dem Beginne des Kampfes allerdings an der Weser, wie nahe, ob unmittelbar daran, oder in einiger Entfernung davon, wird nicht gesagt. Unzweifelhaft ist aber, daß, nachdem Varus aufgebrochen war, das deutsche Heer ihm nicht sobald folgen konnte. Mit der Heranziehung der Hülfsmacht, die dem Aufenthaltsorte des Varus nicht nahe stehen durfte, weil er sonst gewiß endlich auch Verdacht geschöpft haben würde, der Hinmetzelung der an verschiedenen Orten zurückgebliebenen römischen Soldaten und sonstigen Vorbereitungen, mußte nothwendig einige Zeit hingehen. Wenn nun, bevor die Deutschen sich vereinigt und einigermaßen geordnet hatten, auch nur 1 bis 2 Tage verliefen, [Grupen\*) nimmt einen Zeitraum von mehreren Tagen an] so konnte Varus, dessen Heer anfangs ungehindert weiter zog, leicht den etwa 10 Meilen langen Weg von der Weser bis in die Gegend von Stromberg zurücklegen, ehe er von den Deutschen eingeholt wurde. 2c. 2c." — Daß Varus vorausgezogen, bemerkt Dio ausdrücklich. Ging für die Deutschen mit dem Heranziehen der Hülfsmacht, der Hinmetzelung römischer Soldaten u. s. w. nicht einige Zeit verloren? Wenn Varus auch nur einen Vorsprung von 4—5 Meilen gewonnen hatte, — gehörte nicht Zeit dazu ihn wieder

---

\*) Origines Germanicae S. 121. . . . . „Bei allen diesen Umständen muß man die Zeit des Römischen Marsches von ihrem Abzuge, bis sie in silvis inviis gestecket, als bis dahin sie ohne Attaque geblieben, auf einen Zeitraum von mehreren Tagen erstrecken 2c. 2c."

einzuholen? — Noch mehr, — er sollte erst eingeholt, erst angegriffen werden, wenn er in der Gegend war, in der man ihn haben wollte.

2. In der Gegend des Dörenpasses sollen die Römer, nachdem sie schon große Verluste erlitten, ein zweites Lager errichtet haben.

Die Gegend der Dörenschlucht ist ganz und gar nicht so beschaffen, wie diejenige, in welcher nach Dio Cassius der Kampf stattfand. Das Gebirge besteht hier nach der Westseite aus Pläner mit eingelagertem Grünsandstein, nach der Ostseite aus Muschelkalk und Keuper; mitten hindurch zieht sich ein schmaler Streifen Sandstein. Durch die Dörenschlucht, einem tiefen Einschnitte des Gebirges, ist der Diluvialsand der münsterischen Ebene in das hinter dem Gebirge liegende, aus Trias- und Juraschichten gebildete Hügelland eingedrungen und hat daſſelbe in einer weit ausgedehnten Fläche hoch überdeckt. (Die Kreisegebirge Westfalens von Dr. Friedr. Römer.) Bedeutende Sandablagerungen finden wir auch an der nordwestlichen Seite des Osning, im Flußgebiete der Werre ꝛc. ꝛc. — Die Senne, eine Haide an der Westseite des Osning, besteht aus Sand, hie und da mit einigen Stellen, die Torfboden von 1 Zoll bis 1 Fuß Dicke haben. (Die Mineralquellen zu Meinberg, von Dr. Brandes S. 147—152.)

Die Dörenschlucht und die daran stoßende Senne hat also fast nur Sandboden und darin ist bei Regenwetter gerade am Besten fortzukommen. Nur hie und da finden sich in der Senne kleine Gehölze. Der bei weitem größte Theil derselben ist durchaus unfruchtbar und öde; eigentliche Waldungen haben darin nie bestehen können.

3. Das römische Heer soll am dritten Tage früh die Militairstraße erreicht haben.

Wird die betreffende Stelle auch so genommen, daß der Kampf drei Tage, — oder vielmehr bis zum frühen Morgen des dritten Tages, — gewährt habe, so ergeben die vorhergehenden Worte doch unzweifelhaft, daß die Römer am Abende des zweiten Tages in Waldungen steckten. Als sie weiter ziehen wollten, war ihnen dieses nicht möglich, sie konnten nicht einmal festen Fuß fassen. — Wo findet sich eine Spur von Nachricht darüber, daß sie aus den Waldungen ins Freie gekommen? — Und in der sandigen Dörenschlucht, in der sandigen Senne, — gar auf der Militairstraße sollten sie sich nicht haben fortbewegen können?

**4. Der verblendete Varus soll Willens gewesen sein, mit dem Heere, wie es aus dem Lager aufbrach, gegen die Rebellen zu marschiren.**

Dio erzählt: „Auch viele Wagen und Lastthiere führten sie (die Römer, nach dem Aufbruche aus dem Lager) mit sich, es war ja Frieden, — überdies begleiteten sie nicht wenige Kinder und Weiber und ein zahlreicher Troß, so daß sie auch deshalb ohne Ordnung und zerstreut marschirten." Ist es denkbar, daß Varus mit einem Heere in solchem Zustande kriegerische Unternehmungen habe ausführen wollen? Die Kriegsraison gebot ihm, vor dem Beginn der Operationen die Masse der Unbewaffneten und den Troß irgendwo unterzubringen. Das Kastell Aliso bot sich ihm zu dem Zwecke dar. Seine Absicht kann nur gewesen sein, erst nach dieser Feste zu ziehen, darin, was nicht zum kämpfenden Theile des Heeres gehörte, zurückzulassen und dann gegen die Rebellen zu ziehen. Die Geschichte weiset schwerlich den Fall nach, daß ein römisches Heer, mit einer Menge von Weibern, Kindern 2c. gegen den Feind gezogen wäre.

Meine Ansicht stellt Herr v. W. mit folgenden Worten dar: „Varus stand bei Rehme, der Aufstand war bei Hamm und der Weg dahin über Bielefeld und Rheda 1 Meile kürzer, als der durch den Dörenpaß."

Diese Darstellung ist nicht ganz richtig. Ich lasse es dahin gestellt sein, ob Varus durch den Einschnitt des Osning bei Bielefeld, oder durch den bei Detmold, die Dörenschlucht, marschirte. Als das aufständische Volk bezeichne ich nicht ein bei Hamm wohnendes, sondern die Marsen, im östlichen Theile der Gegend zwischen Lippe und Ruhr, dessen Land etwa 1 Meile westlich über Soest hinausreichte. S. 54 und 97 meiner größeren Schrift ist das deutlich ausgesprochen. Um weiterem Reden hierüber zu begegnen, will ich meine Ansicht hier wiederholen:

Varus stand im Sommer des Jahres 9 an der Weser. Er war dorthin auf der Militairstraße an der Lippe zunächst nach Aliso (bei Hamm), weiter über den Haarstrang bis in die Nähe von Paderborn, dann durch die Dörenschlucht u. s. w. gezogen. Im Lager an der Weser erfuhr er den Aufstand der Marsen, deren Wohnsitze vorhin bezeichnet sind. Der Winter war nahe, er mußte schon deshalb an die Rückkehr nach dem Rheine denken. Er beschleunigte den Aufbruch, da es seine Aufgabe war, den Aufstand zu unterdrücken. Dazu konnte er nicht eher übergehen, bis er die Menge der Unbewaffneten und den zahlreichen Troß untergebracht hatte; er beschloß daher zunächst den Marsch nach Aliso. Die dahin führende Straße über den Haarstrang an der linken Seite der Lippe wußte er im Besitz der Feinde; leicht konnte er also den Entschluß fassen, einen mit jenem parallel laufenden, wenn auch nicht überall gebahnten, doch näheren Weg am rechten Ufer der Lippe einzuschlagen, ein Weg, der gerade durch die Gegend südlich von Beckum führt. Diese mochte ihm oder einzelnen seiner Leute zur Sommerzeit, wo sie bei trockenem Wetter gar keine Schwierigkeiten darbietet, bekannt geworden sein; er konnte deshalb den Weg hindurch wählen; war sie ihm fremd, so hatte er um so weniger Grund, sich gegen Einhaltung der nächsten Richtung zu entscheiden. So kam er denn in diese Gegend, worin im Herbst und Winter das Fortkommen so schwer, bei Regenwetter fast unmöglich ist. Der Plan der Deutschen, ihn in dieses, für sie so äußerst günstige Terrain, — ganz so beschaffen, wie das, welches Dio Cassius B. 56, Kap. 20, schildert, — zu führen, gelang. Eben dadurch, — man darf sagen nur dadurch, — wird es erklärlich, daß das römische Heer nicht bloß geschlagen, sondern vernichtet wurde.

Von den Einwendungen des Herrn v. W. hiergegen, habe ich nur noch Folgende anzuführen.

S. 162 wird gesagt, „die Entdeckung des Schlachtfeldes sei nach 1800 Jahren geschehen." — Dieses fällt um so mehr auf, als in meiner Schrift S. 124 folg. darauf hingewiesen ist, daß ältere Werke, über diesen Gegenstand und ältere Karten die Gegend zwischen den Flüssen Ems und Lippe (nicht die zwischen deren Quellen), und namentlich den südlichen Theil des jetzigen Kreises Beckum als den Kampfplatz bezeichnen. Daß er später im Osning gesucht worden, rührt hauptsächlich von Paderborner Gelehrten her.

Seite 462 wird ferner gesagt: „Selbst angenommen, wiewohl nicht zugegeben, Varus sei auf keiner Militairstraße, sondern in gerader Linie von Rehma nach dem Bielefelder Passe und von dort nach Aliso bei Hamm marschirt, welchenfalls er wenigstens in die Nähe des jetzigen Stromberg gekommen sein würde, was konnte ihn bestimmen, gerade das gefährliche Terrain der Beckumer Berge, das seine Avantgarde, da er vorher noch nicht angegriffen war, doch schon recognoscirt haben mußte, zu traversiren, anstatt es zu umgehen, wie dies nicht blos durch Kriegsraison, sondern selbst durch den gemeinsten

Menschenverstand geboten, auch auf beiden Seiten, vor Allem auf der linken, so leicht ausführbar war?"

Darauf zur Erwiederung:

Mindestens ist es zweifelhaft, ob Varus die Gegenden, welche er auf dem Rückmarsche nach Aliso durchzog, vorher recognosciren ließ; sein Heer marschirte ja, wie Dio ausdrücklich sagt, ohne Ordnung, wie im Frieden, also ohne die im Kriege übliche Vorsicht; überdem wird ihm nicht blos Sorglosigkeit, sondern auch Mangel an Kunde von der Beschaffenheit des Landes zur Last gelegt. (Zu vergl. Strabo I, 1.) Abgesehen hiervon zeugt die aufgenommene Frage so recht von Unkenntniß der Lokalität. Wie die meiner Schrift beigefügte geognostische Uebersichtskarte ergiebt, hat die theils bergig- oder hügelige, theils wellenförmige Kleigegend im südöstlichen Theile des Regierungsbezirks Münster eine Ausdehnung in der Richtung von Norden nach Süden, (fast unmittelbar vom rechten Ufer der Lippe ab) von 4 bis 5, — von Osten nach Westen von etwa 7 Meilen. Die Beschaffenheit des Bodens ist es hauptsächlich, welche die Gegend so unzugänglich macht, daß z. B. die Stadt Beckum früher, vor erfolgtem Chausseebau, 7 bis 8 Monate im Jahre die Verbindung mit der übrigen Welt nur nothdürftig unterhalten konnte; die Höhen in der Gegend sind, besonders wegen ihrer schroffen Abhänge nach Süden und Westen, auch nachtheilig, aber nicht in gleich hohem Grade wie der Klei; ihrer ist nur gedacht, weil Dio von Bergen oder Anhöhen in der Gegend des Schlachtfeldes spricht, und Varus bewogen werden konnte, bei Bestimmung der Marschlinie darauf Rücksicht zu nehmen. Denken wir uns nun mit v. W. das römische Heer bei Stromberg. Von der Höhe aus, auf welcher dieser Ort liegt, hat man eine sehr weite Aussicht; bei hellem Wetter erkennt ein gutes Auge die Umgegend von Hamm deutlich. Varus oder seine Begleiter sahen von der Höhe aus, wo nicht Aliso (bei Hamm) selbst, doch die nächsten Punkte dabei, in einer Entfernung, die in gerader Linie 4 Meilen betragen mag. Was hätte Varus von Einhaltung dieser geraden Linie abhalten können? Sollte Aliso erreicht werden, mußte irgendwo, man mochte sich wenden, wohin man wollte, der Kleiboden meilenweit durchzogen werden: Ging es rechts, so war noch dazu der flußähnliche Werseebach zu überschreiten; links blieb man bis fast unmittelbar an der Lippe ebenfalls im Klei, ganz nahe an diesem Flusse war der Boden damals stellenweise sumpfig und an Wäldern fehlt es hier auch nicht. — Varus machte also nur einen unnöthigen

Umweg, wenn er eine andere als die gerade Richtung einschlug. — Gerade unterhalb Stromberg, — südlich der Höhe worauf es liegt, — zeigt sich der Boden in der Breite von 100 bis 200 Schritten bis auf eine Meile nach Westen hin ziemlich eben. Varus konnte keinen Anstand nehmen, sein Heer auf dieser Ebene den Marsch fortsetzen zu lassen. Erst weiterhin nach Westen, kam er wieder in ein koupirtes Terrain, — und hier war an Umkehr nicht mehr zu denken. Von mir ist angenommen, daß Varus diesen Weg gewählt habe; an einen Weg über die Höhen von Stromberg und weiter westlich habe ich nie gedacht. — (cfr. S. 58, 59, des zweiten Anhanges zu meiner ersten Schrift über diesen Gegenstand.)

Wie schon eben bemerkt worden, dehnt sich die Strecke, welche nach meiner Annahme von dem varianischen Heere am zweiten Tage zurückgelegt wurde, nicht, wie v. W. S. 464 behauptet, ungefähr 600 Ruthen, sondern $^2/_3$ Meilen weit aus.

In meiner Schrift ist S. 62 gesagt: „Von dem Lager im Havixbrock führt der Weg westwärts noch etwa 15 Minuten durch den Wald, dann auf die Felder eines Bauerngutes, das ebenfalls den Namen Havixbrock führt, hierauf in eine unbewaldete, wellenförmige hügelige Gegend, etwa 50 Minuten weiter wieder in einen Wald (Tafel II, 2, Nr. 3) von bedeutendem Umfange. . . . . . Das lichte Feld wird nach Süden von Wäldern und sumpfigen Weiden, nach Norden von Bergen oder Hügeln, 400 bis 480 Fuß hoch, begrenzt. Die Gegend westlich von Havixbrock ist also auch ganz so beschaffen, wie die Alten das Schlachtfeld schildern ꝛc. ꝛc."

Dagegen wird von v. W. S. 465 bemerkt: „Also, weil sich jetzt dort mitten im Walde eine Blöße findet, soll diese vor 1800 Jahren auch schon bestanden haben? Berge sind von der Natur zum Holzwuchs bestimmt, die Cultur hat sie in nahe 2000 Jahren mannigfach gelichtet, die Germanen jener Zeit aber hatten, zumal in dortiger Gegend, der Ebene genug, um ihren spärlichen Ackerbau nicht in waldbewachsene Berge zu tragen."

Es braucht wohl kaum darauf aufmerksam gemacht zu werden, daß überall in Bergen, wenn sich guter Boden findet, Ackerbau getrieben wird und sicher auch stets getrieben ist. Ob der Ackerbau der Germanen so spärlich gewesen? Tac., Germ. 5 und 26, bestätigt das nicht; womit sollte, wenn nicht Getreide in ziemlicher Menge gezogen wurde, die ansehnliche Bevölkerung ihr Leben gefristet haben? Uebrigens ist auf den Einwurf Folgendes zu erwidern:

Von einer Waldblöße ist in meiner Schrift nicht die Rede, sondern von Feldern einiger Bauerngüter in einer unbewaldeten hügeligen Gegend. Der Wald, worin das Lager sich findet, gehört zu dem bedeutenden Rittergute Assen und ist, wie Untersuchungen gezeigt haben, nie einer anderen Culturart unterworfen gewesen. Die Felder bilden Bestandtheile von Bauerngütern, deren Besitzer bis vor etwa 50 Jahren eigenhörig waren, Aenderungen in der Bewirthschaftung des Bodens nicht eintreten ließen, Waldungen nicht ausroden durften. Eins der Bauerngüter, Havixbrock, bestand schon im 9. Jahrhundert (es gehörte zu den Gütern des Stiftes Werden an der Ruhr und wird in alten Güterverzeichnissen Hauocasbroca genannt); die übrigen Bauerngüter sind ebenfalls sehr alt. Die Bewohner der Gegend zeichnen sich durch strenges Festhalten am Hergebrachten aus; es wird sich kaum ein Fall nachweisen lassen, daß vor Aufhebung der Eigenhörigkeit in der Cultur eines Grundstücks Veränderungen eingetreten; heutiges Tages noch wird wenig geändert. — Aus dem Walde Havixbrock\*) führt der Weg in westlicher Richtung zunächst über Weiden und Wiesen, denen man es ansieht, daß sie nie zum Holzwuchs gedient haben, nach dem Gute, welches denselben Namen führt und dessen Existenz von 900 bis 1000 Jahren außer Zweifel steht; — es wird weit älter sein, da es in den angeführten Güterverzeichnissen und in alten Urkunden predium genannt wird. Sicher also ist, daß in der Gegend schon in den ältesten Zeiten Ackerbau getrieben worden; wer sie näher kennt, wird zugestehen, daß sie ihren ursprünglichen Charakter bewahrt hat, daß wohl angenommen werden kann, sie sei jetzt im Wesentlichen noch so beschaffen, wie vor 1800 Jahren.

In dem v. W.'schen Werke geschieht der Ereignisse nach der Schlacht im Teutoburger Walde bis zum Jahre 15 keine Erwähnung. Da sie aber Folgen dieser Schlacht sind, auch auf die Lage Aliso's schließen lassen, wollen wir sie hier kurz berühren.

Nachdem die Deutschen das römische Heer unter Varus vernichtet, bemächtigten sie sich der von den Römern an der Ostseite des Rheines angelegten Festen. Die Wegnahme einer derselben, des Kastells Aliso, gelang ihnen aber entweder gar nicht, oder doch erst nach

---

\*) Ein dem Havixbrock ähnlicher Urwald im Oldenburgischen auf der hohen Geest hat den Namen „Haßbrood." Er kommt schon in dem Dokumente vor, in welchem Karl der Große dem Bisthum Bremen die Grenzen bestimmt. Dort ist an „Oschbroech" geschrieben. (Morgenblatt 1861, S. 1180.)

einer längeren Belagerung. Die Schriften der Alten enthalten darüber folgende Nachrichten.

Joh. Zonaras Ann. X, 37: „Die festen Plätze geriethen sämmtlich in die Gewalt der Barbaren (Deutschen), bis auf einen. Dadurch aufgehalten, gingen sie nicht über den Rhein und machten sie keinen Einfall in Gallien. Sogar jenen festen Platz vermochten sie nicht einzunehmen, da sie sich auf das Belagern nicht verstanden, und die Römer durch zahlreiche Bogenschützen unterstützt wurden, welche die Feinde zurücktrieben und sehr viele tödteten. Als sie darnach erfuhren, daß die Römer den Rhein besetzten und Tiberius mit einem mächtigen Heere im Anzuge sei, zog ein Theil von dem Platze ab. Die dort gebliebenen gingen etwas zurück, um nicht den plötzlichen Ausfällen der darin befindlichen Mannschaft ausgesetzt zu sein und bewachten die Wege, in der Hoffnung, die Belagerten durch Hungersnoth zu überwältigen. Die Römer aber blieben, so lange sie hinlängliche Nahrung hatten, in der Feste, Unterstützung abwartend; als ihnen jedoch niemand zu Hülfe kam und Hunger sie stark bedrängte, zogen sie in einer stürmischen Nacht (es waren wenige Soldaten und die meisten unbewaffnet) hinaus und kamen am ersten und zweiten Posten glücklich vorüber, aber beim dritten wurden sie bemerkt. Und alle würden getödtet oder gefangen worden sein, wenn die Barbaren nicht zu sehr auf Beute erpicht gewesen wären und die Trompeter nicht einen Marsch angestimmt hätten, wodurch die Feinde auf den Gedanken gebracht wurden, daß den Abziehenden (durch Asprenas) Hülfe gebracht werde."

Dio Cassius, aus dessen Werke Zonaras geschöpft hat, setzt hinzu Buch 56, Kap. 22. „Und Asprenas kam, als er den Vorfall hörte, den Römern wirklich zu Hülfe."

Vellejus bringt hierüber (II, 120) folgende Nachrichten. „Auch des Lagerpräfekten Lucius Caeditius tapferes Benehmen und derjenigen, die mit ihm in der Festung Aliso von unzähligen Massen der Germanen belagert wurden, verdient Lob. Nachdem sie alle Schwierigkeiten überstanden, welche der äußerste Mangel unüberwindlich gemacht hatte, erspähten sie die erste günstige Gelegenheit und bahnten sich mit dem Schwerte den Rückzug zu den ihrigen."

Hieraus ist von mir gefolgert (S. 73 der größeren Schrift): „Nimmt man zu der Stelle (im Vellejus) die vorher (aus dem Zonaras) angeführte (als ihnen niemand zu Hülfe kam .... zogen sie ... ab) so muß man es für ausgemacht halten, daß die ganze römische Besatzung wegen Mangels an Lebensmitteln das Kastell verlassen habe. Selbstredend nahmen es dann die Deutschen in Besitz. Wird dagegen in Erwägung gezogen, daß die Römer im Frühjahr 16, 6½ Jahre nach der Schlacht, Herren des Kastells waren, darin wieder von den Deutschen belagert wurden, und von einer Wiedereroberung kein Quellenschriftsteller etwas meldet, — ferner daß Zonaras erst sagt, das Kastell sei (nach der Schlacht) durch zahlreiche Bogenschützen vertheidigt worden, .... dann aber wieder, es seien nur wenige Soldaten, meist Wehrlose, ausgezogen, von wenigen Soldaten das Kastell aber unmöglich so lange vertheidigt werden konnte: so erscheint es doch nicht ganz so unzweifelhaft, daß das Kastell von den Römern geräumt worden. .... Sollte, was von den Abziehenden gesagt wird, nicht bloß den Flüchtlingen vom varianischen Heere gelten? Das Kastell wäre dann nur von diesen verlassen, die eigentliche Besatzung aber hätte sich gehalten, bis Asprenas oder Tiberius Hülfe brachten." Genug, es wird durch nichts wahrscheinlich gemacht, daß das Kastell aufgegeben worden. Die Römer waren aber nur dann im Stande es zu behaupten, wenn es nicht so gar weit vom Rheine entfernt lag.

Nehmen wir dazu den Umstand, daß es den aus der Feste Abziehenden gelang, nach dem Rheine zu entkommen. Dio sagt: „als sie (die Abziehenden) an den dritten Wachtposten kamen, wurden sie entdeckt, indem dort die Weiber und Kinder, voll Noth und Furcht wegen des Dunkels und der Kälte mit ihrem Geschrei den Bewaffneten keinen Augenblick Ruhe ließen." Und, wie schon angeführt worden, Zonaras: „es waren wenige Soldaten und die meisten unbewaffnet." Das Kastell bei Lippstadt, oder gar bei Paderborn angenommen, würde dann den Frauen und Kindern das Entkommen nach dem Rheine möglich gewesen sein?

Der oben aufgenommenen Stelle aus Vellejus (II, 120) geht folgende vorher: „Lucius Asprenas verdient Anerkennung. Er diente als Legat unter seinem Oheim Varus, bewahrte durch sein tüchtiges mannhaftes Benehmen ein Heer von zwei Legionen, welches unter seinem Befehle stand, vor jenem großen Unglück und erhielt durch seine zeitige Ankunft in den Winterquartieren am Niederrhein (matureque ad inferiora hiberna descendendo) die schon wankenden Völker diesseits des Flusses in Gehorsam. Einige sind jedoch der Meinung, daß er zwar die Lebenden gerettet, sich inzwischen zum

Erben der unter Varus Gebliebenen gemacht und des Nachlasses des
vernichteten Heeres, soviel es ihm beliebte, versichert habe."

Diese Stelle fasse ich dahin auf. —

Varus führte von den fünf Legionen, die unter seinem Oberbefehl am Rheine standen, drei nach der Wesergegend, zwei ließ er, da die Länder am linken Rheinufer nicht unbewacht bleiben durften, unter Asprenas zurück*). Wahrscheinlich nahm dieser, um am Ober- und Unterrhein eingreifen zu können, eine Stellung am Mittelrhein. Auf die Nachricht von der Vernichtung der drei Legionen unter Varus zog er nach dem Niederrhein, um die dort wohnenden Völker, die schon wankend geworden waren, in Unterwürfigkeit zu erhalten, auch wohl deshalb, weil er befürchten mußte, die Deutschen würden dieser Seite her in Gallien einfallen. Er führte seine Legionen nicht über den Rhein und bewahrte sie dadurch vor dem Unglück, das dem varianischen Heere widerfahren; den Flüchtlingen von Aliso kam er jedoch später dadurch zu Hülfe, daß er ihnen entgegen zog. Die drei Legionen unter Varus hatten, da sie nur den Sommer an der Weser zubringen sollten, einen Theil ihrer Habseligkeiten in den Standquartieren am Rheine zurückgelassen; dieser bemächtigte sich Asprenas.

Einige wollen die Worte „Asprenas habe die Lebenden gerettet" dahin deuten, derselbe sei in den letzten Momenten der Schlacht im Teutoburger Walde auf dem Kampfplatze erschienen und habe die noch nicht hingemetzelten Soldaten des varianischen Heeres gerettet. Keine Quellenschrift weiß von dieser Thatsache, oder deutet sie auch nur an. Das Dio Cassius'sche Werk hat, wo es auf die Ereignisse nach der Schlacht kommt, eine Lücke; die diesem Werke nachgeschriebene Geschichte des Zonaras enthält jedoch eine zusammenhängende Darstellung des Herganges und daraus geht hervor, daß unter den Geretteten keine andere als die Flüchtlinge von Aliso gemeint sind. Dio Cassius sagt auch, es sei den Deutschen (vor der Schlacht) bekannt gewesen, daß die Römer zahlreich am Rheine ständen; unter diesen Römern können nur die Legionen des Asprenas gemeint sein. Daß derselbe vor dem Ende des 2- oder 2½tägigen Kampfes nicht einmal Nachricht von dem Unfalle erhalten konnte, braucht wohl nicht bemerkt zu werden. Auch durch Folgendes wird die Sache klar. Dio erzählt, daß den Kaiser Augustus die Nachricht von der Nieder-

---

*) Die Legionen 5 und 16. (Allgemeine Geschichte der römischen Legionen bis Hadrian von Dr. Pfetzner, Parchim 1854.)

lage des Varus sehr in Unruhe versetzt und welche Mittel derselbe angewendet habe, um größerem Unglück vorzubeugen. Dann setzt er Kap. 24 hinzu: „Als er (Augustus) danach hörte, daß einige von den Soldaten sich gerettet hätten, .... schwand sein Entsetzen." Wäre die Rettung gleich nach der Schlacht durch Asprenas bewirkt, so würde der Kaiser das zugleich mit der Nachricht von der Niederlage, — nicht erst geraume Zeit nachher — erfahren haben.

Die Anordnungen, welche Augustus auf die Nachricht von der Niederlage traf, bestanden hauptsächlich darin, daß er Truppen ausheben, auch Ausgediente und Freigelassene einstellen ließ. So entstanden neue Legionen, welche nach Pfitzner die Nummern 1, 21 und 22 erhielten. Mit diesen zog Tiberius, wahrscheinlich im Jahre 10, nach dem Rhein. Derselbe richtete nicht viel aus. Dio Cassius sagt 56, 25: „Tiberius und Germanicus, damals Prokonsul, fielen in Deutschland ein und durchzogen einige Gegenden, ohne jedoch eine Schlacht zu gewinnen (sie trafen keinen Feind), oder ein Volk zu unterwerfen. Aus Furcht nehmlich, wieder eine Schlappe zu erleiden, entfernten sie sich nicht allzuweit vom Rheine, sondern blieben daselbst (an der Ostseite des Rheines) bis zum Herbst, nachdem sie dort den Geburtstag des Kaisers Augustus gefeiert und von den Centurionen ein Ritterspiel hatten aufführen lassen, an den Rhein zurück." Vellejus erzählt II, 120: „Auf diese Nachricht (von Varus Niederlage)... übernimmt der Cäsar (Tiberius) als des Reiches ständiger Schutzherr die gewohnte Vertheidigung. Er geht mit einem Heere nach dem Rhein, greift die Feinde an, .... bringt in das Innere des Landes vor, durchbricht die Grenzwälle, verwüstet die Felder, brennt die Häuser nieder, schlägt zurück, was sich ihm widersetzt, und führt das Heer eben so vollständig, wie es ausgerückt war, in die Winterquartiere zurück." Vellejus weiß zu Tiberius Ruhme nur anzuführen, daß derselbe sich über die Grenzwälle hinausgewagt habe u. s. w. Aus den angeführten Stellen geht jedoch hervor, daß er sich nur ausnahmsweise aus dem durch Grenzwälle gesicherten Landstriche entfernte. Die Basis der Grenzwälle bildete unzweifelhaft das dieselben nach Osten hin abschließende Aliso. Da Tiberius, ohne sich weit vom Rheine zu entfernen, in einer Gegend am rechten Ufer des Flusses blieb, dort ein Fest feiern ließ, so darf vermuthet werden, daß das Kastell damals im Besitz der Römer war; tief landeinwärts ist es dann aber nicht zu suchen.

Die Wiedereroberung der nach Varus Niederlage verloren gegangenen römischen Besitzungen zwischen Weser und Rhein war nicht Zweck dieses Kriegszugs, — auch nicht der folgenden. Tacitus sagt Ann. 1, 3: „Es war um diese Zeit kein Krieg mehr zu führen, als der gegen Deutschland, mehr zur Tilgung der Schande von dem mit O. Varus verloren gegangenen Heere, als aus Verlangen nach Erweiterung der Herrschaft oder wegen eines erheblichen Gewinnes."

Nachdem Tiberius an den Rhein zurückgegangen, ruhte der Krieg einige Jahre. Obgleich die Römer ihre Heeresmacht am Rheine von 5 auf 8 Legionen gebracht hatten (Ann. I. 37), begnügten sie sich damit, das linke Rheinufer und die Befestigungen am rechten Ufer, welche noch in ihren Händen waren, besetzt zu halten; — dann führte auch der Tod des Kaisers Augustus (19. August 14) einen Stillstand in ihren Unternehmungen herbei; — die Deutschen hielt der Zwist zwischen Segestes und Hermann in Unthätigkeit. Die Römer griffen zuerst wieder zu den Waffen. Die am Rheine stehenden Legionen, zum Theil aus den von Augustus neu gebildeten bestehend, hatten sich empört. Germanicus, der nunmehrige Oberbefehlshaber am Rhein stillte den Aufruhr und führte dann einen Theil seiner Truppen gegen die Marsen. Tacitus theilt über den Zug Ann. I. 49 f. Nachstehendes mit:

„Der Cäsar (Germanicus) schlug eine Brücke über den Rhein und setzte 12000 Mann von den Legionen, 26 Kohorten von den Bundestruppen und 8 Reitergeschwader, die gehorsam geblieben waren, über den Fluß. Vergnügt und nicht fern lagen die Deutschen.... Der römische Feldherr nun durchbrach in eiligem Marsch den Cäsischen Wald und den von Tiberius begonnenen Grenzwall, schlug in demselben sein Lager, vorn und hinten durch einen Wall, auf den Seiten durch Verhaue geschützt. Hierauf zog er durch finstere Wälder und überlegte, ob er von zwei Wegen den gewöhnlichen kürzeren, oder den schwierigeren noch nicht versuchten und darum von den Feinden unbewachten wählen solle. Man entschied sich für den weiteren Weg und machte das Uebrige um so geschwinder ab. Denn Kundschafter hatten berichtet, es sei diese Nacht bei den Deutschen ein Fest und dasselbe werde bei einem feierlichen Mahle froh zugebracht. Caecina erhielt Befehl, mit leicht bewaffneten Cohorten vorauszuziehen, um die Hindernisse im Walde wegzuschaffen; in kurzer Entfernung folgten die Legionen. Eine sternhelle Nacht begünstigte den Marsch. Man gelangte zu den Weilern der Marsen und umstellte sie mit Truppen, während die Bewohner noch auf ihren Lagern oder an den Tischen in Sorglosigkeit herumlagen; sie hatten keine Wachen ausgestellt und dachten nicht an Krieg.... Um der Verheerung die weiteste Ausdehnung zu geben, theilte der Cäsar die kampfgierigen Legionen in vier Züge; eine Strecke von 50 (römischen, 10 deutschen) Meilen verwüstete er mit Feuer und Schwert. Kein Geschlecht, kein Alter fand Erbarmen, ungeweihtes Eigenthum und geweihte Stätten, darunter der Tempel, welcher unter jenen Völkern das höchste Ansehen hatte, sie nannten ihn den Tempel der Tanfana, — alles wurde dem Boden gleich gemacht. Unverwundet blieben die Soldaten, welche die Feinde, halb im Schlafe, unbewaffnet oder umher irrend niederhieben.

Dieses Blutbad trieb die Brukterer, Tubanten (in der jetzigen niederländischen Provinz Drenthe, wohl auch in der Grafschaft Bentheim) und Usipeten (am rechten Rheinufer, etwa von Duisburg bis Emmerich) unter die Waffen; sie besetzten die Waldungen, durch welche das (römische) Heer den Rückweg antreten mußte. Das ward dem Feldherrn bekannt; er traf seine Vorkehrungen für den Marsch und den Kampf. An der Spitze zog ein Theil der Reiterei und der Hülfskohorten; dann folgte die erste Legion, das Gepäck in der Mitte, gedeckt nach der linken Seite von der 21., nach der rechten von der 5. Legion; die 20. deckte den Rückzug; ihr schlossen sich die übrigen Hülfstruppen an. Die Feinde rührten sich nicht, bis der Zug im Walde eine ausgedehnte Linie bildete; dann griffen sie vorn und an den Seiten ohne Nachdruck, mit aller Kraft aber die Nachhut an. Schon geriethen die leichten Cohorten in Unordnung; da sprengte der Cäsar zur 20. Legion heran mit dem Zuruf: der Augenblick, ihre Meuterei vergessen zu machen, sei gekommen; sie sollte vorgehen und eilen, ihre Schuld in Ehre zu verwandeln. Da entbrannte ihr Muth; mit einem Stoße durchbrachen sie den Feind, schlugen ihn hinaus ins offene Feld und hieben auf ihn ein. Zugleich gelangte der Vortrab aus dem Walde und schlug ein Lager auf. Von da an war der Marsch des Heeres unangefochten u. s. w."

Dio Cassius berichtet hierüber 57, 6, kurz: „Germanicus, der noch befürchtete, daß sie (die Legionen am Rhein) sich wieder empören könnten, fiel in das Land der Feinde ein und blieb dort eine Zeitlang, indem er seinen Soldaten Beschäftigung und reichlichen Lebensunterhalt aus fremden Mitteln bot."

Diese Nachrichten lassen wieder Vieles dunkel. Es fragt sich: 1) welcher Wald an der Oftseite des Rheines ist als derjenige anzusehen, den Tacitus den caestschen nennt? 2) wo wohnten die Marsen? 3) wo lag das Heiligthum der Tanfana?

Zu 1. Früher nahmen viele den Wald bei Coesfeld an, weil coes und caes einige Aehnlichkeit zu haben scheinen. Diese Aehnlichkeit besteht aber in der Wirklichkeit nicht. Das e hinter o im Coesfeld dient nur zur Verlängerung des o; die Stadt heißt nicht Cösfeld, sondern Cohsfeld (wie Soest nicht Söst, sondern Sohst). In alten Urkunden kommt der Name bald als Cosfelde, Cuesfelde, bald als Coesfelde vor. Die Stadt führt einen Kuhkopf im Wappen; ihr Name kann auf Hochdeutsch mit „Kuhfeld" wiedergegeben werden. Das Einzige, was für Coesfeld vorgebracht wurde, zerfällt also in Nichts. — Lipsius weiset auf den Heser Wald hin; dieser liegt aber am linken Rheinufer, in der Gegend von Moers, und kann schon deshalb nicht der richtige sein. — Grimm macht auf Heisingen, südlich von Essen aufmerksam. Dieser Ort liegt an der Ruhr, die ihn nach drei Seiten einschließt, vom Wege, der von Vetera nach dem Marsenlande führt, zu weit rechts ab. Eher darf an Heeßen, plattdeutsch Heßen, ein Dorf ½ Meile östlich von Hamm, das schon in Urkunden aus dem 10. Jahrhundert genannt wird, noch jetzt von ansehnlichen Waldungen umgeben, wovon eine Heeßener Wald heißt, gedacht werden. Der Umstand, daß dieser Ort 13 Meilen vom Rheine liegt und Tacitus, gleich nachdem er den Rheinübergang berichtet, die Germanen (Marsen) als nicht weit entfernt wohnend bezeichnet, berechtigt nicht zu erheblichen Zweifeln dagegen. Tacitus übergeht die Tage, an denen sich nichts ereignete, in der Regel mit Stillschweigen; anzunehmen ist, daß, obgleich es nicht gemeldet wird, Germanicus die Feinde nicht fern wußte, als er schon eine Strecke landeinwärts marschirt, an dem Punkte angelangt war, von wo aus die Operationen begonnen werden sollten. Als dieser Punkt kann Aliso (bei Hamm) angesehen werden. Hier war Germanicus dem Heessenschen Walde nahe.

Zu 2. Als das Land der Marsen bezeichne ich die Gegend zwischen den Flüssen Lippe und Ruhr, mit der Westgrenze zwischen Werl und Soest. Die Wiederholung der Beweise für diese Annahme (in meiner größeren Schrift S. 75 f. zusammen gestellt) scheint überflüssig, da ein Widerspruch dagegen bisher nicht erhoben ist. Die oben angeführten Worte „nicht fern lagen die Germanen" treffen zu, wenn man sich dabei Germanicus in Aliso denkt.

Zu 3. Die oben angegebene Westgrenze des Marsenlandes ist noch an einer Landwehr erkennbar, welche die Gegend ungefähr in der Richtung von Süden nach Norden durchschneidet. Neben dieser Landwehr, im Kirchspiel Borgeln, liegt ein Gut Fahnen oder ten Fahnen. Im dreizehnten Jahrhundert war das Gut der Sitz eines Freigerichts; ein abliches Geschlecht, das im Mittelalter in der Gegend lebte, nannte sich, wahrscheinlich nach demselben, van de Bahnen. Nahe bei dem Gute liegt ein Fahnenholt und ein Hilgenholt (Fahnenholz, heiliges Holz). Beim Abtragen einer der Wälle, welche sich früher an der Südseite des Hofes zeigten, wurde neben demselben ein etwa 2 Fuß hoch mit Erde bedeckter Haufen Holzkohlen und dabei eine kleine steinerne Streitart mit Stielloch, (ein s. g. Thorhammer) und ein Steinbeil gefunden. — Zu der Annahme, daß das Tanfanen-Heiligthum hier stand, ist wohl Grund vorhanden. — Nach der Zerstörung desselben erhoben sich die Brukterer, Tubanten und Usipeten. Diese Völker und die Marsen werden es also sein, bei welcher das Heiligthum in so hohem Ansehen stand. Der Name desselben scheint vom lateinischen sanum herzurühren. Die um 4 vor Chr. aus den Niederlanden versetzten Marsen konnten das Wort von den Römern angenommen haben; ein Nachbarvolk derselben, die Friesen, nannte seine heiligen Orte auch sana; im Englischen kommt noch die Benennung the sane für Tempel vor.

Auf dem Rückmarsche nach dem Rheine hielten die Römer unzweifelhaft den Weg an der Lippe ein. Irgendwo an diesem Flusse, wahrscheinlich in der hügeligen Gegend von Cappenberg wird der Kampf stattgefunden haben, womit der Feldzug endete.

Im folgenden Jahr (15 nach Chr.) machte Germanicus von Mainz aus, indem er, wahrscheinlich bei Homburg, über das Taunusgebirge zog, einen Einfall in das nördliche Chattenland. Tacit. Ann. I. 56, 57: „Er (Germanicus) kam den Chatten so unerwartet, daß, was schwach war durch Alter oder Geschlecht, gefangen oder getödtet wurde. Die junge Mannschaft setzte schwimmend über die Eder und hinderte die Römer am Bau einer Brücke über den Fluß; sie wurde mit Wurfgeschossen und Pfeilen vertrieben. Nachdem vergeblich Friedensunterhandlungen versucht waren, gingen einige zu Germanicus über, Andere verließen ihre Flecken und Dörfer und zerstreuten sich in die Wälder. Germanicus verbrannte Mattium (wahrscheinlich das jetzige Maden, bei Gudensberg an der Eder), den Hauptort der Chatten, und verheerte ihr Gebiet; dann kehrte er nach dem Rheine zurück. Die Cherusken hatten die Chatten unterstützen wollen, aber Cäcina (der vom Niederrheine her vorgedrungen war) hielt sie, bald hier, bald dort angreifend, davon zurück; die Marsen, welche sich in den Kampf einließen (die Gegend zwischen Lippe und Ruhr war also für Cäcina der Kriegsschauplatz), wurden durch ein für die Römer günstiges Gefecht niedergehalten. Nicht lange darauf (als Germanicus an den Rhein zurückgekehrt war) erschienen Abgeordnete von Segestes, Hülfe zu erbitten, gegen seine Landsleute, die ihn eingeschlossen hätten. . . . Germanicus schien der Fall wichtig genug, um deßhalb das Heer umkehren zu lassen (convertere agmen). Es kam zum Kampfe gegen die Belagerer und Segestes wurde mit einer großen Schaar von Anverwandten und Angehörigen befreit. Es waren darunter edle Frauen, auch Hermanns Gattin (Thusnelda), Segestes Tochter, mehr mit dem Gatten als dem Vater haltend, nicht zum Weinen gebeugt, noch mit Worten sich demüthigend, sondern die Hände unter dem Kleide gefaltet, auf ihren schwangeren Leib niederblickend. Die Beute, welche den jetzt sich Unterwerfenden bei der Niederlage des Varus zugefallen war, wurde zurückgeliefert."

Diese Nachrichten berechtigen zu der Annahme, daß die Bewohner des nördlichen Chattenlandes (in den Gegenden an der Eder und oberen Lahn) an dem Kampfe gegen Varus Theil genommen hatten; denn nur deren Land wurde verheert. Bei denselben scheinen auch die noch im Jahre 51 der Sclaverei entrissenen bei Varus Niederlage in Gefangenschaft gerathenen Römer angetroffen zu sein. — Die Nachrichten geben auch Aufschluß über die Verhältnisse und die Wohnsitze der Familie, welche Hermann angehörte. — Segestes, der Oheim Hermanns, war ein Anhänger der Römer, er hatte Varus vor dem Ausbruche des Kampfes im Jahre 9 gewarnt, freilich vergeblich, nachher sich dem Volkswillen fügen und mit gegen die Römer kämpfen müssen. Die Verstimmung zwischen beiden erlangte den höchsten Grad, als Hermann seine Nichte Thusnelda, Segestes Tochter, die einem Anderen verlobt war, ohne Zweifel mit ihrer Zustimmung, raubte und zur Frau nahm. Fehden zwischen dem Oheim und Neffen waren die Folge davon. Jener bekannte (Ann. 1, 58), daß er Hermann gefangen genommen und in Ketten gelegt habe, darauf aber wieder von Hermanns Partei bezwungen und gefesselt sei. — Da Germanicus, als er sich zur Befreiung des Segestes entschloß, denselben Weg einschlug, wie auf dem ersten Zuge gegen die Chatten, also wieder nach der Eder, diesesmal selbstredend weiter nördlich kam, kann angenommen werden, daß die Familie Hermanns an der Diemel wohnte, vielleicht in der Gegend von Marsberg.

Germanicus gelang nicht bloß die Befreiung des Segestes, den Tacitus eine Riesengestalt nennt, er nahm auch Hermanns Gattin gefangen. Sie wurde fortgeführt, wie es scheint, nach Gallien, und gebar einen Sohn, der in Ravenna erzogen, später mit Mißgeschick zu kämpfen hatte. Was aus ihm geworden, wissen wir nicht. Hermann sah seine Gattin nie wieder. Ihren Verlust konnte er nicht verschmerzen. (Ann. I. 59 f.): „Er jagte durchs Cheruskenland, zu den Waffen wider Segestes, wider Germanicus rufend. Das wirkte als ein Aufgebot, nicht bei den Cherusken allein, sondern auch bei den angrenzenden Völkerschaften, selbst Inguiomer, Hermanns Oheim von väterlicher Seite, ein bei den Römern viel geltender Mann, wurde zum Beitritt bewogen, was in Germanicus Augen die Gefahr vermehrte. Damit nun der Krieg nicht auf einmal mit voller Gewalt losbreche, schickte er, um die Feinde auseinander zu halten, Cäcina mit 40 römischen Kohorten durch das Bruktererland an die Ems; die Reiterei führte Pedo, ihr Präfekt, durch das Land der Friesen. Er selbst schiffte 4 Legionen ein und fuhr damit über die Seen (woraus sich später der Zuyhersee bildete, dann durch die Nordsee den Emsfluß hinauf); zu gleicher Zeit traf das Fußvolk (unter Cäcina), die Reiterei und die Flotte an dem genannten Flusse zusammen. Die Chauken (sie wohnten in der Gegend zwischen der Ems und Elbe) boten Hülfstruppen an, sie wurden als Mitstreiter angenommen. Die Brukterer, welche ihre eigenen Besitzungen verbrannten, schlug Lucius Stertinius, mit leichtgerüsteter Mannschaft von Germanicus gegen sie entsandt; während des Mordens und Plünderns fand er den Adler der neunzehnten Legion, der unter Varus verloren war. Weiter ging nun der Zug bis zu den entferntesten Bruktereren; alles Land zwischen den Flüssen Ems und Lippe wurde verwüstet, nicht weit vom Teutoburger Walde, in welchem, wie es hieß, des Varus und seiner Legionen Ueberreste unbestattet lagen. Da ergriff den Cäsar das Verlangen, den Soldaten und dem Feldherrn die letzte Ehre zu erweisen; Wehmuth erfüllte das ganze ihn umgebende Heer wegen der Verwandten und Freunde, auch beim Nachdenken über die Wechselfälle des Krieges und des Looses der Menschen. Nachdem Cäcina vorausgeschickt worden, um die Dunkel des Waldes zu durchforschen und Brücken und Dämme über feuchte Moräste und trügliche Felder anzulegen, betraten sie die Trauerstätte (das varianische Schlachtfeld), entsetzlich dem Anblick und der Erinnerung." Hierauf erfolgte die Besichtigung des Schlachtfeldes; dann erschien das Heer der Cherusken unter Hermann, es kam zum Kampfe, der angeblich unentschieden blieb; Tacitus sagt nehmlich: „et manibus aequis abcessum."

Dieser Feldzug des Germanicus, der im Herbst 15 stattfand, wird in dem v. Wietersheimschen Werke besprochen. Meine Ansicht darüber, wie er ausgeführt worden, findet sich unter III. S. 3 oben.

v. W. stellt ihn S. 438 f. in ganz anderer Art dar. Derselbe sagt u. A.:

1) S. 438. Wo die Emsflotte anlegte, wissen wir nicht, unter allen Umständen dürfte solche mindestens bis Meppen, wo sich die Hase mit der Ems verbindet, etwa 10 Meilen an der Mündung letzterer, hinauf gefahren sein. Unter dieser Voraussetzung aber dürfte Cäcina höchstens bis Emsbüren oder Lingen, etwa über 2—3 Meilen oberhalb Meppen, wahrscheinlich aber nur bis Rheine der Hauptarmee entgegen gerückt sein, da jede weitere Annäherung, weil die Friesen und Chauken Rom befreundet waren, die Brukterer aber, wie aus dem Folgenden erhellt, jeden Widerstand aufgegeben hatten, nicht nur zwecklos, sondern auch, weil das Heer von dort aus doch südöstlich vorzugehen bestimmt war, ein ganz unnöthiges, daher unverständiges Hin- und Hermarschiren gewesen sein würde.

2) Nach der Vereinigung der drei Armeecorps ward zuvörderst Stertinius mit einem fliegenden Corps leichter Truppen, d. i. Auxilien und Cavallerie (cum expedita manu) zur Verheerung des Brukterer Landes, welche ihre Ansiedelungen selbst niederbrannten, detachirt, wobei er alles niederhieb und plünderte, was er irgend erreichen konnte. Da Cäcina selbst vorher durch das Gebiet der Brukterer — sicherlich nicht schonend — marschirt war, die ganze Armee, oder ein Hauptcorps derselben nachher südöstlich vordrang, so kann die Expedition des Stertinius nur noch die südliche Richtung nach der Lippe zu eingeschlagen haben, wobei er, nach der näheren Beschreibung des früheren Verheerungszuges gegen die Marsen, damit auch dieser möglichste Ausdehnung gewinne, ohnstreitig in mehreren Colonnen vorging.

3) Von größter Wichtigkeit ist nun die Stelle:

„Von dort zog das Heer zu den entferntesten Brukterern; alles Land zwischen den Flüssen Ems und Lippe wurde verwüstet, nicht weit vom Teutoburger Walde, worin, wie es hieß, des Varus und der Legionen Ueberreste unbestattet lagen."

Hier fragt es sich, ob unter agmen die ganze Armee, oder nur das Corps des Cäcina, was an sich ebenfalls ein agmen (Heerhaufe) war, zu verstehen sei? Es ist zuzugeben, daß, weil Tacitus letzteres nicht bemerkt, die Vermuthung hier für die Gesammt=Armee spreche. Bei dessen Kürze aber und der Schwierigkeit, welche ohne alle eigene Terrainkenntniß das Verständniß seiner oft gewiß nicht ganz deutlichen Quellen selbst für ihn hatte, ist es leicht möglich, daß er jenen allgemeinen, verschiedener Deutung fähigen, Ausdruck mit Bewußtsein gewählt habe. Wie oft ist in dessen Militairberichten überhaupt für uns Interessantes und Wichtiges zu vermissen, gewiß nicht aus Absicht, sondern, weil er es entweder selbst nicht wußte, oder die Wichtigkeit aus Mangel an geographischer Orientirung nicht erkannte. Unzweifelhaft aber wäre das Vorgehen mit dem ganzen Heere zwischen Ems und Lippe aus folgenden Gründen ein strategischer Fehler gewesen:

aa. Nicht gegen die Brukterer allein kann der mit so starker Armee unternommene Feldzug gerichtet gewesen sein, sondern gegen den Hauptfeind, die Cherusken, wie dies die spätere Ausführung beweist. Was Tacitus erwähnt, daß ihn (Germanicus) an der Ostgrenze des Brukterer Landes erst die Begierde ergriffen, bezieht derselbe lediglich auf den Besuch des Schlachtfeldes, nicht aber auf das Vorbringen gegen die Cherusken.

bb. Da diese unzweifelhaft östlich des Osnings, wahrscheinlich aber auch nur bis zu solchem, saßen . . . . führte der gerade und nächste Weg nach Cheruskien von Meppen über Osnabrück zur Weser. . . . . Auf dieser Marschlinie umging er den Osning und griff den Feind in seiner nordwestlichen Flanke an, während Cäcina direkt auf dessen Fronte marschirte u. s. w."

Herr v. W. nimmt also an:

I. Fahrt der Emsflotte bis mindestens Meppen;
II. Marsch blos des Cäcina'schen Corps, an der Spitze desselben leichte Truppen unter Stertinius, in die Gegend zwischen Ems und Lippe;
III. Marsch des Corps unter Germanicus Befehl von Meppen aus in südöstlicher Richtung über die Gegend von Osnabrück bis zur Weser, da
IV. der Feldzug nicht bloß gegen die Brukterer, sondern auch gegen die Cherusken gerichtet gewesen sei.

Die letztere Annahme (IV.) ist in der weiter unten zu besprechenden Abhandlung mit größerer Bestimmtheit aufgestellt. Was dagegen spricht, wird in den Gegenbemerkungen zu dieser Abhandlung ausführlicher vorkommen. In Betreff der übrigen Annahmen ist Folgendes zu bemerken.

Zu den unter I. sagt der Verfasser in einer Note:

„Der von Essellen gegen diese Ansicht aus der gegenwärtigen Seichtigkeit der Ems hergeleitete Grund erscheint .... offenbar nicht statthaft. Der größere Wasserreichthum der Flüsse in der Urzeit war eine Wirkung der größeren Regenmenge und dieser wieder eine Folge der weit umfänglicheren Wälder und Sümpfe. Daß aber Entholzung einer Gegend erhöhte Trockenheit und Wasserarmuth herbeiführt, ist allbekannt ꝛc." Dabei wird des Umstandes gedacht, daß nach Strabo die Brukterer von Drusus auf der Ems in einer Schiffschlacht besiegt sein sollen.

Waren die Flüsse vor 1800 bis 2000 Jahren wirklich wasserreicher wie jetzt? Der Regen entsteht hauptsächlich aus der Ausdünstung des Meeres und diese wird sich im Laufe der Zeit durchschnittlich gleich geblieben sein. — Angenommen aber auch einen größeren Wasserreichthum der Flüsse, so ist es wohl völlig unzweifelhaft, daß sie in ihrem ungeregelten Laufe nicht ein so taugliches Fahrwasser darboten, wie heutiges Tages. Sie breiteten sich weiter aus und verloren daher an Tiefe; auch theilten sie sich in mehrere Arme; — oder sie strömten an den Seiten über und verloren dadurch an Wasser. Beweise von Seichtigkeit der Flüsse in älterer Zeit sind genug vorhanden. Im Jahre 70 war der Rhein so seicht, daß er kaum gewöhnliche Schiffe tragen konnte (Tacit. Histor. IV. 26). In den Jahren 1303 und 1304 konnte man trocknen Fußes über die Seine, Loire, den Rhein und die Donau gehen. In den Jahren 1538, 39 und 40 waren die Flüsse beinahe gänzlich ausgetrocknet (Ausland 1861, S. 888). Auch im Jahre 1130 war der Rhein so niedrig, daß man aller Enden durchreiten, ja so durchwaten konnte. (Zeitschrift Westphalia 1825, II. Quart. S. 106). — Was die Ems betrifft, so läßt sich an manchen Stellen noch deutlich erkennen, daß sie früher ein viel breiteres Bett hatte, ihr Wasser sich also mehr vertheilte; an einzelnen Punkten, wo man jetzt nur mit Fährschiffen übersetzen kann, konnte man vor Jahrhunderten mit Wagen hindurch fahren.

Wenn die Wälder auf die Erhaltung des Wassers in Flüssen eingewirkt haben, so ist das doch bei der Ems schwerlich der Fall gewesen. Sie bleibt von ihrer Quelle an bis zur Grenze Ostfrieslands in einem sandigen Bette. Der Boden an beiden Seiten derselben ist, besonders auf der Strecke von Lingen bis Rehde, äußerst unfruchtbar, besteht stellenweise aus so sterilem Sande, das nicht einmal Heidekraut gedeiht; ½ bis 1 Meile vom Ufer entfernt dehnen sich weithin kahle Torfmoore aus. — Genug, in den Gegenden, durch welche die Ems ihren Lauf nimmt, haben zu keiner Zeit irgend erhebliche Waldungen bestanden.

Diesem Allem nach läßt sich die Vermuthung, die Ems sei früher wasserreicher, oder, worauf es hier allein ankömmt, für die Schifffahrt geeigneter gewesen, wie jetzt, durch nichts begründen. Was Strabo über Drusus Kampf auf der Ems berichtet, kann offenbar nur auf die Brukterer bezogen werden, die unmittelbar an der Grenze Ostfrieslands wohnten. Zu vergl. meine größere Schrift S. 24 f., besonders Dio Cassius Buch 54 Kap. 32, wonach Drusus während des betreffenden Feldzuges (Jahr 12 vor Chr.) nicht weiter kam, als in das Land der Friesen und Chauken. Es verdient auch wohl Berücksichtigung, daß nur Strabo dieses Kampfes gedenkt.

Inzwischen wollen wir es dahin gestellt sein lassen, ob die Ems in der Urzeit so schiffbar war, wie wir sie kennen; — die Hauptfrage ist, konnte Germanicus vernünftigerweise auch nur daran denken, mit seiner Flotte, die aus etwa 400 größeren — seetüchtigen — Schiffen bestanden haben muß, den Emsfluß mindestens bis Meppen hinauf zu fahren?

Der Landweg von Rhede bis nach einem Punkte Meppen gegenüber am linken Ufer der Ems (daß an dieser Seite der Marsch stattfand, wird von fast allen Schriftstellern angenommen, auch durch manche Funde von Antiquitäten wahrscheinlich gemacht) kann ein Heer ganz bequem in zwei Tagen zurücklegen. Er ist zu jeder Zeit brauchbar; ich habe ihn als Offizier bei der ostfriesischen Landwehr im Februar 1848 zurückgelegt und nirgend Schwierigkeiten gefunden. Wie die Karte zeigt, hat der Emsfluß viele und sehr bedeutende Krümmungen; der Weg auf demselben, der Wasserweg, ist reichlich doppelt so lang, als der Landweg. Weshalb sollte Germanicus diesen zeitraubenden langwierigen Weg den Vorzug gegeben haben? Und durch welche Kraft würden die Schiffe gegen den Strom an gebracht sein? Bis Rehde kamen sie unter Benutzung der Fluth, — von dort weiter halfen Segel nur wenig, die Fortbewegung mußte hauptsächlich durch Ruderer bewirkt werden. Wie viele Ruderer waren für die Menge

Schiffe erforderlich! — Sollten die Soldaten dazu verwendet werden, so war für sie der Wasserweg anstrengender, als der Landweg — Wurde die Fahrt stromaufwärts wirklich ausgeführt, — wie oft mußte dann der vielen Krümmungen wegen gewendet, wie oft Halt gemacht werden, wenn, was nicht fehlen konnte, hie und da sich Schiffe in dem sandigen Boden festfuhren! — Wird der Raum, den jedes Schiff einnahm, nur zu 100 Fuß berechnet, so dehnte sich die Flotte gegen 40,000 Fuß — etwa 2 Meilen weit — aus, — und zwar in einem feindlichen Lande! Marschirte vielleicht Cäcina mit seinen Legionen neben her, um sie gegen Ueberfälle zu schützen? Zur Nachtzeit durfte, weil sonst die Schiffe gar zu häufig festgerannt sein würden, auch weil die Ruderer die Arbeit Tag und Nacht hindurch nicht aushalten konnten, die Fahrt nicht fortgesetzt werden. — Wie viele Zeit würde sie also erfordert haben? Mindestens 6 Tage; — 4 Tage waren reinweg verloren. Und wenn die Legionen bei Meppen oder noch weiter südlich aus Land stiegen, — wo blieb dann die Flotte? — An der unteren Ems, im Lande der Friesen, war sie in Sicherheit, — auch im Bruktererlande? — Hätte Germanicus hier nicht eine ansehnliche Truppenmacht zu ihrem Schutze haben zurücklassen müssen? — Es läßt sich wohl mit Recht das in meiner größeren Schrift S. 101 Gesagte wiederholen: „In unseren Tagen würde kein General an die Fortschaffung eines Armeekorps auf der Ems über Ostfriesland hinaus auch nur zu denken wagen; die gegenwärtigen Zustände sind aber von den früheren nicht so ganz und gar verschieden, daß sich annehmen ließe, eine Maßregel, deren Ausführung uns völlig undenkbar erscheint, habe einst als zweckmäßig angesehen und in Anwendung gebracht werden können." Mit der bloßen Behauptung „die Emsflotte dürfe mindestens bis Meppen hinaufgefahren sein", ist es nicht genug; es muß doch einigermaßen untersucht werden, ob die Fahrt möglich, und selbst, wenn das angenommen wird, ob sie nicht völlig nutzlos oder vielmehr zweckwidrig gewesen sein würde.

Was v. W. für die zweite und dritte Behauptung anzuführen zu können meint, ist oben mitgetheilt. Die drei Armeekorps unter Germanicus, Pedo und Cäcina sollen sich an der Ems vereinigt, dann aber gleich wieder in zwei Heere getheilt haben, weil der Feldzug nicht gegen die Brukterer allein, sondern vorzüglich gegen den Hauptfeind, die Cherusker, gerichtet gewesen sei. — Der letzteren Annahme werden schwerlich Viele beipflichten. Wie schon vorher bemerkt worden, ging Germanicus Vorhaben dahin, den Völkern, welche sich an dem Kampfe gegen Varus betheiligt hatten, seine Rache fühlen zu lassen. Er fiel im Jahre 14 über die Marsen, im Frühjahr 15 über die Chatten her; wahrscheinlich sollten im folgenden Jahre 16 die Brukterer und dann die Cherusken bekämpft werden. Da aber Hermann im Sommer 15 mehrere Stämme im nordwestlichen Deutschland gegen die Römer aufrief, glaubte Germanicus den Kampf gegen die Brukterer nicht bis zum folgenden Jahre aufschieben zu dürfen; er beschloß noch in demselben Jahre 15 den zweiten Feldzug zu unternehmen. Es galt nicht bloß, die Brukterer zu züchtigen, sondern auch, sie von der Verbindung mit anderen Völkern abzuhalten. Um mit dem größten Nachdruck wirken zu können und auf jeden möglichen Fall vorbereitet zu sein, zog er mit einem mächtigen Heere ins Feld. — Im folgenden Jahre 16 kam dann der Feldzug gegen die Cherusken zur Ausführung. — Was Tacitus über den Zug gegen die Brukterer Ann. I. 60 sagt, ist m. E. unzweifelhaft dahin zu deuten, Stertinius habe mit leichten Truppen den Vortrab gebildet, das gesammte Heer sei ihm gefolgt und ungetheilt in die Gegend zwischen den Flüssen Ems und Lippe vorgedrungen. —

v. W. gibt zu, daß die fragliche Stelle diese Deutung zulasse. Aber, fügt er hinzu, Tacitus könne aus diesem oder jenem Grunde die erfolgte Theilung der Armee in zwei abgesonderte Corps unerwähnt gelassen haben.

Tacitus übergeht häufig die minder erheblichen Ereignisse; eine Erwähnung derjenigen, die Bedeutung hatten, oder haben konnten, wird man in seinen Werken nie vermissen. Zu diesen würde die Theilung der eben vereinigten Armee in zwei Korps, wovon jedes für sich operiren sollte, gewiß gerechnet werden müssen. Sie ist aber nicht bloß, weil Tacitus derselben gar nicht gedenkt, sondern auch aus folgenden Gründen unglaublich.

1. Die Reiterei unter Pedo traf am linken Ufer der Ems mit dem Hauptheere zusammen. Einen Theil derselben würde, das gibt v. W. zu, Germanicus seinem abgesonderten Korps einverleibt haben. Dieser Theil mußte vom linken auf das rechte Ufer der Ems übersetzen. Vom Schlagen einer Brücke über den Fluß weiß Tacitus nichts. Wie kam denn die Kavallerie auf die andere Seite? Wenn wirklich über den Fluß gesetzt und weiter östlich bis zur Weser gezogen wäre, hätte es dann nicht schon der Brücke bedurft, um schlimmsten Falls den Rückzug darüber bewerkstelligen zu können? Weiterhin mußte Germanicus Korps an irgend einer Stelle die Hase und die

westfälische Werra überschreiten. Waren zu dem Ende nicht wieder Brücken erforderlich? In dem ganzen Bericht über den Feldzug ist aber von einem Brückenbau nicht die Rede. Wie oben, Seite 4 bemerkt, läßt Tacitus es in den Berichten über andere Feldzüge nicht unerwähnt, daß Brücken geschlagen worden.

2. Die Abtheilung unter Germanicus soll den Weg von Meppen über Osnabrück zur Weser eingeschlagen haben. Blieb sie in der Richtung, die sie zuerst nahm, so erreichte sie die Weser etwa bei Hameln. Cäcina's Abtheilung dagegen ging am linken Ufer der Ems vor und kam bis in die Gegend von Rietberg. Beide waren bald nach der Trennung 5, später 10 und mehrere Meilen von einander entfernt. Weder konnte der Eine dem Anderen im Falle der Noth Hülfe bringen, noch auch davon, was vorging, Nachricht geben. Jeder mußte auf gut Glück für sich handeln und es darauf ankommen lassen, wie es dem Anderen erging.

3. Stertinius würde nach Hr. v. W's Ansicht die Spitze bloß des Korps unter Cäcina geführt haben. Ihm waren die leichten Truppen zugetheilt; — ob die der Abtheilung Cäcina's allein oder die der Gesammt=Armee läßt v. W. unbemerkt. Letzteres angenommen, würde Germanicus Abtheilung von leichten Truppen ganz entblößt gewesen sein. Daß er ohne solche vorgegangen, ist undenkbar. Die leichten Truppen galten damals so gut wie heutiges Tages als unentbehrlich. Im folgenden Jahre (16) wurde Stertinius auch mit leichten Truppen abgesandt, um die Ampsivarier zu züchtigen (Tacit. Ann. II. 8); derselbe war aber wieder bei'm Heere und an dessen Spitze, bevor Germanicus den Kampf mit den Cherusken aufnahm (eben das. 11). Der Zug von der Ems zur Weser u. s. w. sollte von Germanicus ohne Stertinius unternommen sein?

4) Was Tacitus am Schlusse des 60. und im Eingange des 61. Kapitels der Annalen, Buch I, über den Besuch des varianischen Schlachtfeldes mittheilt, kann, — das unterliegt keiner Frage, — nur dahin gedeutet werden, daß, als Germanicus den Entschluß faßte, nach dem Schlachtfelde zu ziehen, die ganze Armee, bestehend aus den Legionen unter Germanicus und Cäcina's Befehl und der Reiterei unter Pedo, vereinigt war. Wenn vorher getrennt, — wo hatte sich dann die eine Abtheilung an die andere wieder angeschlossen? Tacitus sollte das Zusammentreffen, gänzlich mit Stillschweigen übergangen haben?

5) Als Germanicus den Zug gegen die Brukterer unternahm,

war Hermann noch darüber aus, sich der Hülfe benachbarter Stämme zu versichern. Die Römer, welche eben noch das Chattenland durchzogen hatten, kamen ihm unerwartet; — er war zu einem Kampfe mit den Fremden nicht genügend vorbereitet. Er muß aber möglichst schnell, theilweise durch Einreihung der aus ihrem Lande entwichenen Brukterer, ein Heer gebildet haben; könnte er doch, nachdem die Römer das varianische Schlachtfeld besucht hatten, den Kampf mit denselben aufnehmen. — v. W. nimmt das Schlachtfeld an der Westseite des Osning, also in der Senne, an. Angenommen, Germanicus sei mit seinen 4 Legionen von Meppen zur Weser gezogen, so müßte er, um zur Senne zu gelangen, von dem genannten Flusse aus eine westliche Richtung einschlagen und quer durch Cheruskenland ziehen. Hermann, der sich kurz nachher der römischen Gesammt=Armee gewachsen zeigte, sollte die 4 Legionen unangefochten hindurch gelassen haben? Auf dem Durchmarsche sollte es zu gar keinem Treffen gekommen sein? — Tacitus weiß von einem solchen nichts.

6. v. W. meint, die römische Armee habe der Verpflegung wegen, getrennt vorgehen müssen. Auf die Verpflegung war allerdings Rücksicht zu nehmen. Germanicus durfte nicht darauf rechnen, im feindlichen Lande hinreichende Vorräthe an Lebensmitteln anzutreffen; er mußte solche zum größeren Theil mit= oder nachführen lassen. Wahrscheinlich lieferte das fruchtbare, an Vieh und Getreide reiche Ostfriesland einen großen Theil des Bedarfs und der Transportmittel. Hielt das Gesammtheer den kürzesten Weg, der Ems entlang, ein, so war der Transport, der wenigstens eine Strecke weit auf dem Flusse vermittelst kleiner Nachen erfolgen konnte, nicht so sehr schwierig. Wie sollte er aber auf dem weiten Umwege über Osnabrück bis zur Weser, von dort zur Senne, bewirkt worden sein? Es liegt auf der Hand, daß der Transport von Lebensmitteln am wenigsten Schwierigkeiten darbot, wenn das gesammte römische Heer sich in der Nähe der Ems hielt.

Weiterer Ausführungen gegen die Annahme, daß die römische Armee im Herbst 15 in zwei Abtheilungen getrennt vorgegangen sei, wird es nicht bedürfen. Widerspricht sie ja auch zu sehr den vorliegenden Nachrichten; — und daran muß man sich doch vor Allem binden.

Diesen zufolge rückte Germanicus mit dem gesammten Heere in die Gegend zwischen den Flüssen Ems und Lippe vor. Von demselben aus unternahm er einen Zug nach den Feldern, auf denen die varianischen Legionen vernichtet worden. Diese Felder fand er nach meiner Annahme im südlichen Theile des jetzigen Kreises Beckum. War Germanicus bis etwa Rietberg vorgedrungen, mußte er, um nach den Feldern zu gelangen, eine Seitenbewegung in südwestlicher Richtung machen. Während er auf dem Schlachtfelde verweilte, hatte sich ihm die cheruskische Streitmacht unter Hermann's Führung genähert. Dieser ging, als die Römer sich gegen ihn wandten, in eine unwegsame Gegend (avia) zurück; — dann hielt er Stand, es kam zu einem angeblich unentschieden gebliebenen Kampfe, der aber doch Germanicus bewog, den Rückweg anzutreten.

Dieser Vorgang ist von mir in folgender Art aufgefaßt.

Hermann hatte nach dem Einfalle der Römer in's Bruktererland eiligst ein Heer zusammengerafft, und damit die Pässe im Osning besetzt. Das Heer verstärkte sich durch Zuzug von Tag zu Tage. Ungewiß, ob das römische Heer nicht auch einen Einfall in das cheruskische Gebiet versuchen werde, blieb Hermann eine zeitlang im Osning stehen. Die Seitenbewegung des römischen Heeres nach der Gegend südlich von Beckum erschien ihm als ein Rückzug; er ergriff, da er nun nicht mehr für sein eigenes Land zu fürchten hatte, die Offensive und rückte vom Osning bis in die Nähe des Schlachtfeldes, — also 7 bis 8 Meilen weit — vor. Als Germanicus den Gegner in seiner Nähe sah, mußte er ihn, um an dem Rückmarsch nach der unteren Ems nicht gehindert zu werden, zurückzudrängen suchen. Hermann wich erst und nahm dann die Schlacht an. Germanicus räumte das Schlachtfeld und wurde weithin, bis zu den langen Brücken, von Hermann verfolgt.

v. W. bemerkt dagegen S. 467:

„E. läßt nun Armin zu der Zeit, als Germanicus bis in die Nähe der Senne vordrang, hinter dem deckenden Osning aufgestellt sein, was gewiß richtig ist, während des ersteren Rückmarsch auf das Schlachtfeld aber ihm nachrücken. Wie? Der Feldherr, der, ohnstreitig nur aus Mangel an genügender Streitkraft, nicht schlagen will, soll seine Stellung hinter deckenden Bergen verlassen und viele Meilen weit in der Ebene nachzurücken, während zu dessen Beobachtung ein stärkeres Recognoscirungsdetachement vollkommen ausreichend war. Avia kann auch nicht bloß auf Mangel an einer gebahnten Straße und Wald bezogen werden, da sonst die ganze Germania damals avia gewesen wäre, muß hier vielmehr das Bergland zwischen Osning und Weser bedeuten."

Darauf zur Antwort:

Entgegenzurücken war nicht Hermanns Absicht, — er wollte die, wie er glaubte, zurückgehenden Feinde nicht ungehindert abziehen lassen. Daß er aus dem Osning in die Ebene gezogen, ist völlig unbestreitbar, — er verfolgte ja die Römer fast die ganze Länge der westfälischen Ebene hindurch. Höchstens würde sich fragen, ob er die Ebene erst nach, oder schon vor dem Kampfe betreten. Und liegt denn irgend ein Grund vor, das Erstere anzunehmen? — Hermann sollte nicht haben schlagen wollen? Er lieferte ja den Römern eine Schlacht und blieb, den Folgen nach zu urtheilen, Sieger. — Mit Avia soll das Bergland zwischen Osning und Weser bezeichnet werden müssen? Avia bezeichnet jede Gegend, die unwegsam ist, nicht bloß eine solche, worin Wege fehlen. Berge, Höhen, gibt es nicht bloß im Osten des Osning, sondern auch im Osten des Schlachtfeldes bei Beckum. So ist der von fünf engen Schluchten durchschnittene, in der Richtung von Norden nach Süden sich hinziehende, etwa ½ Meile lange Dkestedder Berg, 1 Meile östlich von dem eben erwähnten Schlachtfelde unwegsamer, wie irgend einer im Osning und überhaupt im Fürstenthum Lippe. Uebrigens wird es einleuchten, daß Hermann dem Germanicus unerwartet gekommen sein muß. Würde dieser Feldherr, wäre ihm bekannt gewesen, das Cheruskenheer stehe ihm schlagfertig gegenüber, den Zug nach dem Schlachtfelde, der nicht geringe Vorkehrungen erforderte, unternommen, und sich dann erst gegen den Feind gewandt haben? Augenscheinlich war Germanicus, als er sich zu dem Zuge entschloß, nicht über das Bruttererland hinausgekommen; der Zweck des Feldzuges schien ihm erreicht; er dachte an kriegerische Unternehmungen für das Jahr nicht mehr; er würde sein Heer nach dem Rheine zurückgeführt haben, wenn nicht Hermanns Auftreten ihn genöthigt hätte, nochmals das Waffenglück zu versuchen.

Von den sonstigen Einwendungen gegen die Annahme des varianischen Schlachtfeldes im Kreise Beckum sind noch folgende hervorzuheben.

Tacitus nennt die Gegend, in welcher Varus besiegt wurde „saltus Teutoburgiensis". — Saltus, behauptet v. W., bedeute zum Unterschiede von silva (Wald) ein Waldgebirge. Das Entscheidende sei der von Tacitus angeführte Eigenname. Dergleichen führten in der Regel nur größere Gebirgszüge, wie der saltus Hercynius und Pyrenaeus; — zwischen Rhein und Weser sei der Osning das bedeutendſte Gebirge, folglich müſſe dieſes, nicht das Hügelland bei Beckum, als der **saltus Teutoburgiensis** betrachtet werden.

Was Tacitus unter saltus verſteht, ergeben u. A. Ann. 13, 54 und 4, 72; er ſpricht hier von „saltus" in Friesland, — einem flachen Lande, worin es kaum Hügel giebt; ferner Ann. 1, 50, 51, wo Wälder im mittleren Weſtfalen auch saltus genannt werden. Von einem derſelben wird geſagt: „donec agmen per saltus porrigeretur." Dann: „evasere silvas." Derſelbe Wald heißt alſo einmal saltus, das anderemal silva. — M. ſ. hierbei Herzog zu Cæs. de b. G. VII, 19: „Der vorherſchende und charakteriſtiſche Begriff von saltus iſt unwegſamer, ungebahnter, dichter und an Schluchten und Engpäſſen reicher Wald ꝛc. ꝛc." — Dieſe Auslegung paßt ganz auf die Gegend ſüdlich von Beckum. — Uebrigens ſteht es noch dahin, ob der Name **saltus Teutoburgiensis** nur einem Walde beigelegt war, — möglich iſt, daß mehrere heilige Wälder dieſen Namen führten, — führt doch Ptolemäus ein Teutoburgium in Ungarn an. In dieſem Lande ſtand eine Legion Sigambern\*) und bekannt iſt, daß die Urahnen derſelben aus der unmittelbar an den Kreis Beckum grenzenden Gegend an der Südſeite der Lippe ſtammten.

v. W. bezweifelt auch, daß der umwallte Raum in dem Walde ſüdlich von Beckum, Havixbrock genannt, ein römiſches oder überhaupt ein Lager ſei. Das Werk findet ſich auf einer Anhöhe, die ſich nur etwa 50 Fuß über das nächſte Thal erhebt, iſt nach drei Seiten von einem 1500 Schritte langen, an den Ecken abgerundeten, Walle umgeben, nicht nach der vierten Seite, ohne Zweifel deshalb, weil hier die Anhöhe ſteil abfällt. Andere römiſche Lager waren von ähnlicher Beſchaffenheit. (Livius XXVI, 42.) Faſt in der Mitte des größeren zeigt ſich ein kleineres Werk, ringsum von etwa 600 Schritte langen, weit ſtärkeren Wällen eingeſchloſſen. — Die Gründe, weshalb die Anlage nicht als Lager gelten ſoll, werden weiter unten beſprochen werden; zunächſt Einiges, den mittleren Theil derſelben betreffend. v. W. ſagt darüber S. 470: „Ungleich entſcheidender iſt jedenfalls die nach der Zeichnung auf dieſer Stelle innerhalb der großen erſichtliche kleine Umwallung, welche E. ſelbſt als eine Citadelle bezeichnet, um deswillen, weil bei keinem alten Schriftſteller und in keinem neueren Werke über römiſche Lager einer ſolchen gedacht wird,

---

\*) Nachzuſehen u. A. Leo, Geſchichte des Mittelalters p. 21.

was des Beweises nicht bedarf, da E. selbst eine hierauf bezügliche Stelle nicht angeführt hat."

Freilich habe ich für die ausdrücklich ausgesprochene Ansicht, daß der mittlere Theil das Prætorium bilde, keine Beweise angeführt, weniger aber, weil es daran fehlt, als weil ich glaubte, es bedürfe solcher nicht. Daß die Praetorien in den römischen Lagern, wenn nicht immer, doch mitunter, in kritischen Fällen, namentlich wenn Nothlager (Nast, römische Kriegsalterthümer S. 294) errichtet wurden, wohl stets, eine besondere Befestigung erhielten, wird sich aus Folgendem ergeben.

Fast alle Ueberreste römischer Lager in den Rheingegenden enthalten deutliche Spuren von besonders befestigten Prätorien, so die Saalburg bei Bad Homburg, das Lager bei Neuwied und andere. Knapp beschreibt in dem Werke: „Römische Denkmale des Odenwaldes," zweite Auflage (Darmstadt 1854) S. 60, ein kleineres Lager, 90 Schritte lang, 80 breit mit Erdwällen und nur einen Eingang, dahin: „Besonders auffallend ist ein Graben, der 29 Schritte vom Eingange in paralleler Richtung mit dem (äußeren) Walle, den inneren Raum von Süden nach Norden durchschneidet. . . . . Erstürmte der Feind die beim Eingange gegenüber liegende Flanke des Walles, so konnte sich die Besatzung hinter diesem Graben noch einmal zur Wehre setzen. . . . Ich kann mich, so oft ich es betrachte, nie des Gedankens an ein castellum tumultuarium enthalten." Beachtung verdient, was in Grimm's Deutscher Mythologie, Auflage II. S. 369, angeführt ist. Nachdem Sueven ein römisches Lager genommen hatten, bemächtigten sie sich des etwas höher belegenen Prätoriums. — Zu vergl. auch die Abhandlung von v. Cohausen „Alte Verschanzungen auf dem Hundsrück," (in den Jahrbüchern des Vereins von Alterthumsfreunden im Rheinlande, Heft 26, S. 13). Darnach finden sich fast in der Mitte eines Lagerraumes mehrere viereckige Mauertrümmer, in denen die Reste des Prätoriums erkannt sind. Nachzusehen ist ferner „Hansselmann, Beweis wie weit der Römer Macht in die ostfränkischen Lande eingedrungen ꝛc." S. 46....

„Das Merkwürdigste, so mir diesmal vorgekommen, ist ohnstritig der entdeckte Grund, nicht nur von einem würklich hier gestandenen Kastell, sondern auch von einem, in solchem, nach Gewohnheit der Römer noch insbesondere erbauet gewesenen Praetorio." Ferner: „Alles kommt völlig mit dem überein, wie die Römer ihre Kastellen zu erbauen, gewohnt gewesen, wie man solches an deren Umrisse, von anderswo gestandenen Römischen Kastellen ersehen kann." Dann werden in Norbengland und Schottland aufgefundene römische Kastelle angeführt, mit dem Zusatze:... „sie kommen mit vorbeschriebenen hiesigen größtentheils, einige davon aber ganz überein."

Der Einwurf, daß, was über Kastelle, (kleinere Lager) sich finde, nicht auf die eigentlichen Lager, castra, angewendet werden könne, wird wohl nicht gemacht werden. Es mögen jedoch einige Stellen folgen, welche Nachrichten darüber enthalten, daß die römischen und andere wirkliche Lager von Doppelwällen umgeben waren: Livius 10, 25, — dann 36, 16, — auch 38, 40 fg. — Symmachus, Lobrede auf Valentinian p. 19 und 20. In Betreff der Prätorien f. m. Livius 9, 2, (für die Konsuln sollten Prätorien errichtet werden, und es wurde zum Schanzgeräth gegriffen); eben daf. 10, 33, (die Römer wurden Nachts in einem Lager überfallen, — der Konsul befahl zweien Kohorten, das Prätorium zu schützen); eben daf. 25, 22, (um Capua herum waren drei Prätorien errichtet; — sollten dieselben nicht durch Wälle oder dergl. gesichert gewesen sein?) — eben daf. 41, 2, (ein römisches Heer wurde in einem Lager überfallen und ergriff die Flucht, — nur ein Tribun blieb mit den Fahnen zurück; gerade wollte er im Prätorium seine Mannschaften ordnen, als die Feinde über ihn und seine Leute herfielen, ihn mit denselben niedermachten und das Prätorium zerstörten.) Zu vergl. auch Tacit. Ann. I. 67, Hist. I. 48 und 54, eben daf. III. 13,\*) Justinus Hist. 11, 6. Besonders wichtig ist die angeführte Stelle Livius 38, 40' f. Sie schildert einen Kampf des römischen Heeres unter Manlius im Jahre 189 vor Chr. in Thracien, der mit der Schlacht im Teutoburger Walde Aehnlichkeit hatte, mit dem Unterschiede freilich, daß er für die Römer günstiger ausfiel. Wir wollen den wesentlichen Inhalt der Stelle aufnehmen:

„Am Tage seines Aufbruches von Lysimachia (im Thrazischen Chersones) kam er (Manlius) an den Fluß Melas genannt, von hier am folgenden Tage nach Cypsela.

Von hier erwartete ihn ein etwa 10,000 Schritte langer Weg durch Wälder, dabei eng und holperig. Wegen der Schwierigkeit des Weges wurde das Heer in zwei Haufen getheilt, der eine vorausgeschickt, der andere angewiesen, in großem Abstande

---

\*) Tacitus nennt das Prätorium „principia." Beide Worte bezeichnen dasselbe. M. f. Pauli, art. „castra," und Dictionnaire des antiquités romaines etc., par Ant. Rich, art. „principia."

den Zug zu schließen. Das Gepäck wurde in die Mitte genommen; es waren dies Wagen mit den öffentlichen Geldern und anderer kostbarer Beute. Als er so durch den Bergwald (oder Wald, per saltum) zog, besetzten nicht mehr als 10,000 Thracier von vier Stämmen am Engpasse die beiden Seiten des Weges. Bei dem Vortrabe war der Feldherr, besorgt wegen der ungünstigen Beschaffenheit des Ortes. Die Thracier rührten sich nicht, bis die Bewaffneten vorüber waren. Als sie die Vorderen über den Engpaß hinaus, die Hinteren aber noch nicht herankommen sahen, fielen sie den Troß und das Gepäck an, hieben die Wächter nieder und beraubten theils die Wagen, theils rissen sie die beladenen Lastthiere fort. Als von hier das Geschrei zuerst zu dem Nach=trabe, der bereits in den Wald eingedrungen war, sodann auch zu dem Vortrabe, drang, eilten beide Heerestheile nach der Mitte, und es entspann sich an mehreren Stellen zugleich ein regelloses Gefecht. Die Thracier, durch die Lasten welche sie trugen, behin=dert, meistens auch, um zum Rauben freie Hand zu haben, ohne Waffen, gaben die Beute dem Schwerte Preis; die Römer unter=lagen der ungünstigen Beschaffenheit des Ortes, indem die Bar=baren auf ihnen bekannten Wegen herbeieilten, zum Theil auch in hohlen Thälern versteckt lagen..... Je nachdem die Stelle diesem oder jenem günstig oder ungünstig, je nachdem der Muth der Kämpfenden, je nachdem ihre Zahl war, .... so mannig=faltig war auch der Erfolg des Kampfes. Auf beiden Seiten blieben Viele. Schon brach die Nacht ein, als die Thracier das Treffen aufgaben, nicht aus Scheu vor Wunden oder Tod, son=dern weil sie Beute genug hatten."

"Der Vortrab der Römer schlug draußen vor dem Walde (extra saltum) bei dem Tempel der Bendis an einem offenen Orte ein Lager; der andere Theil des Heeres blieb zur Beschützung des Gepäcks mitten im Walde, von einem doppelten Walle umgeben, (medio in saltu, duplici circumdata vallo, mansit). Am folgenden Tage untersuchten sie vor ihrem Aufbruch den Waldpaß und vereinigten sich darauf mit den Vorderen 2c. 2c."

In der bedenklichen Lage, worin sich das Heer unter Manlius befand, griff der Theil, unter dessen Schutz die Beute aus Syrien gestellt war, zu dem Mittel, daß er mitten im Walde ein Lager an=legte und solches mit doppelten Wällen umgab. Das Lager hatte also nicht einen Wall, sondern zwei. — Lagen dieselben unmittelbar neben einander, — oder trennte sie ein Zwischenraum? Es sind Lager mit niedrigeren Nebenwällen, aber noch wohl keine mit zwei gleich hohen Wällen dicht neben einander angetroffen; — bei einzelnen Lagern, wie zum Beispiel in Havixbrock findet sich der Wall an einer Seite breiter und nach oben in zwei Kämme auslaufend, am Fuße ist er aber nicht getheilt, er bildet hier ein Ganzes. Der äußere der oben sich zeigenden Kämme scheint zur Aufstellung des s. g. Geschützes (der Ballisten ꝛc.) gedient zu haben (Nast, römische Kriegsalterthümer S. 294). Die Wahrscheinlichkeit spricht deshalb dafür, daß die Wälle des Lagers (in Thracien) von einander getrennt waren. So erfüllten sie auch augenscheinlich besser ihren Zweck; der innere umwallte Raum bot, wenn der Feind den äußeren Wall erstiegen hatte, gleich den jetzigen Citadellen, ein zweites Bollwerk dar, in dem man sich vertheidigen konnte. In diesem Raum wird auch der werthvollste Theil der Beute aus Syrien gebracht sein. Hatte aber das Lager diese Einrichtung, so stimmte es in der Form mit dem im Havixbrock überein. Daraus ginge dann wieder hervor, daß die Römer sich in Nothfällen durch Anlegung einer starken Verschanzung im Lagerraum selbst, zu helfen suchten, mit anderen Worten, daß sie wenigstens in solchen Fällen das Prätorium besonders befestigten. Ist nicht auch das Ergreifen dieser Maßregel ganz natürlich; mußte man nicht bei der damaligen Art der Kriegsführung von selbst darauf kommen?

In verschiedenen Werken wird „praetorium" mit „Feldherrnzelt" übersetzt. Offenbar irrig; das Feldherrnzelt lag im Prätorium\*). Daß dieses, wenn irgend Gefahr drohte, besonders eingehegt, umwallt wurde, läßt sich auch aus der Stelle Polyb. V. 1 folgen: .....
„Diese 3 Manipeln sind verpflichtet, sein (des Tribunen) Zelt in Ordnung zu bringen und sein Gepäck, wenn es nöthig, zu mehrerer Sicherheit mit einem Gehege zu umgeben"\*\*). Diese Vorsichtsmaßregel sollte nicht in Beziehung auf die Person und das Eigenthum des Feldherrn in Anwendung gebracht sein? — Gewiß in weit höherem Grade.

Dieses zur Unterstützung der Annahme, daß die Prätorien in

---

\*) M. s. in dem oben angeführten Diction. von Rich den Art. „principin." Darin wird gesagt, es sei darunter das Hauptquartier in einem römischen Lager zu verstehen, das die Zelte der höheren Offiziere enthalte ꝛc. ꝛc.

\*\*) Nach einer lateinischen Uebersetzung: „et si quid sepiendum aut claudendum sit, ad utensilium custodiam, id quoque istis cura."

den römischen Lagern, wo nicht immer, doch in gewissen Fällen besonders befestigt wurden.

v. W. bemerkt S. 470 noch: … „so liegt auf der Hand, daß eine Citadelle (damit ist der befestigte Raum im Innern des Lagers im Havixbrock gemeint), die nur ⅕ des Hauptlagers im Umfange hat, … nach einmal erfolgter Erstürmung des letzteren gar keinen militairischen Zweck haben konnte, zumal im vorliegenden Falle an ein Hinhalten in Hoffnung auf Ersatz nicht zu denken war." Ein merkwürdiger Einwurf! Mußten die Römer sich nicht so lange zu vertheidigen suchen, als es irgend ging, — war ihnen gleich anfangs schon die Hoffnung benommen, den Feind zurückschlagen zu können, — nimmt nicht Jeder in der Noth zum letzten Rettungsmittel seine Zuflucht? — v. W. sagt S. 459 selbst: „Der Verfasser (Reinking) hat wohl nicht bedacht, daß man sich in Lebensgefahr selbst an einem Strohhalm hält." Und zwischen einen solchen Rettungsversuch und dem Besetzthalten eines Lagers ist doch ein sehr großer Unterschied! Läßt sich nicht auch aus den Worten Vellejus II, 119: „als bei weitem die meisten vom Schwerte hingerafft waren, rieth er (der Lagerpräfekt Cejonius) zur Uebergabe (deditio)," entnehmen, daß ein Theil des römischen Heeres bis gegen das Ende der Schlacht wirklich das Lager behauptet hat? — Zu vergleichen S. 8 oben.

Was das Lager als Ganzes betrifft, so berechnet v. W., daß es zur Aufnahme dreier Legionen nicht hinlänglichen Raum habe. Man wolle doch bedenken, daß es nur als ein Nothlager angesehen werden darf, in dem das Römerheer sich der Feinde entwehren wollte, daß dabei auf die gewohnte Einrichtung verzichtet werden mußte. An Aufschlagen der Zelte, wenn noch welche vorhanden waren, wurde sicher nicht gedacht. Des Raumes, den sonst ein Lager erforderte, bedurfte es also nicht. Uebrigens hat das Lager im Havixbrock einen Flächeninhalt von 1,560,000 []Fuß, wovon die inneren Wälle etwa 100,000 Fuß wegnehmen; es fiel also, wird für Wagen, Pferde ꝛc. auch ein bedeutender Theil, etwa die Hälfte, abgerechnet, auf den Einzelnen noch ein solcher Raum, daß er sich, wenn auch nicht bequem lagern, doch frei bewegen konnte.

In dem v. W.'schen Werke wird S. 441 ferner gesagt:
Die Stelle Ann. I. 61: „Nachdem Cäcina vorausgeschickt war, die Dunkel des Waldes, oder des Waldgebirges, zu erforschen," unterstützte allerdings die Ansicht, Cäcina habe bei dem Marsche nach

dem Schlachtfelde nur die Avantgarde des Gesammtheeres geführt. Aber bei den wichtigen strategischen Gründen, welche eine Theilung des Heeres annehmen lasse, sei das Vorausschicken des Cäcina so zu verstehen, daß dieser, der von Anfang an schon südlicher gestanden, als Germanicus, und zur Deckung des Streifkorps des Stertinius, der Lippe gewiß noch näher gewesen sei, — nur zuerst aufzubrechen und das varianische Schlachtfeld zu recognosciren beordert worden."

2) S. 443: „Durch die Ansicht (daß die Hälfte des römischen Heeres unter Germanicus unmittelbarem Befehle von Meppen zur Weser gezogen) werde der Zweifel, (wie Germ. zunächst das erste Lager habe finden können) vollständig gelöst, da Germanicus mit seinem Heerhaufen, den Osning umgehend, selbstredend zunächst auf Varus erstes Lager habe stoßen müssen."

3) „Daß Germanicus auf diesem Wege nicht angegriffen worden, erkläre sich einfach dadurch, daß Armins Kriegsplan ein defensiver und darauf berechnet gewesen, die Feinde durch Zurückweichen in das Gebirge tiefer in das ihm günstige Terrain zu locken. Auch habe Armin weder dem Germ. noch dem Cäcina entgegen ziehen können, ohne von dem Korps des Einen oder Anderen im Rücken genommen zu werden."

Zum Verständniß dieser Ausführungen dient es, wenn eine Karte von Westfalen, oder auch die dem Wietersheimschen Werke beigefügte Karte, den Schauplatz der Römerkriege darstellend, zur Hand genommen wird.

Nach v. W. fand die Niederlage des varianischen Heeres unfern des Dörenpasses, an der Westseite desselben, Statt; den saltus Teutob. erkennt derselbe in den Höhen an den Seiten des genannten Passes. Germanicus läßt er von Meppen zur Weser, Cäcina etwa von Lingen dem linken Emsufer entlang bis in den östlichen Theil der Gegend zwischen Ems und Lippe ziehen.

Denken wir uns zu 1. zunächst die eine Armee-Abtheilung an der Weser, die andere zwischen Rietberg und Delbrück. Wollten sie sich vereinigen, mußte entweder jene von Osten nach Westen marschirend, oder diese in umgekehrter Richtung sich bewegend, die Dörenschlucht und das Schlachtfeld berühren. Vor der Vereinigung hätte also ein Theil schon das Schlachtfeld gesehen. Wozu waren dann noch die Vorbereitungen zu dem Marsche nach dem Schlachtfelde erforderlich? —

v. W. scheint aber anzunehmen, beide Abtheilungen seien, als der Zug nach dem Schlachtfelde beschlossen wurde, noch nicht vereinigt gewesen. — Cäcina, heißt es, wurde vorausgeschickt, das Dunkel des Waldes zu erspähen ꝛc. Wer überbrachte ihm die Ordre von dem östlich stehenden, durch den Osning von ihm getrennten Germanicus? Wenn er solche wirklich erhielt, ging er dann voraus, nicht vielmehr dem Germ. entgegen? — Ist der salt. Teutob. wirklich im Osning zu suchen, kam dann nicht Cäcina, bevor er den saltus erreichte, über das Schlachtfeld?

Zu 2. ist es allerdings erklärlich, daß Germanicus von der Weser westlich ziehend, zunächst das erste Lager des Varus finden konnte. Freilich nur er selbst, denn Cäcina mußte vorher erst das Schlachtfeld, später das Lager gesehen haben. Germanicus war dann bloß der Zweite, der das Schlachtfeld besichtigte.

Zu 3. Daß Germanicus vor der Vereinigung mit Cäcina nicht angegriffen worden, erkläre sich, meint v. W., aus den angegebenen Gründen leicht. Wie schon oben S. 46 angeführt worden, ist nicht anzunehmen, daß ihn Hermann durch sein Stammgebiet unangefochten habe ziehen lassen. — Cäcina hätte ihm in den Rücken fallen können, redet v. W. ein. — War das Letztere möglich, zur Zeit, als Cäcina etwa bis Rietberg vorgedrungen war, Germanicus noch mitten im Cheruskerlande stand, beide noch eine Strecke von 6—8 Meilen trennte? — Oder sollte Hermann mit dem Angriffe auf die eine Hälfte so lange gewartet haben, bis die andere nahe genug herangerückt war, um jene unterstützen zu können?

Genug hierüber. Es wird erlaubt sein, daß ich meine Annahme über den Gang der Ereignisse während des Feldzuges im Herbst 15 kurz wiederhole.

Das römische Heer traf an der Unterems zusammen, (S. 3 oben) und zog, Stertinius mit leichten Truppen voran, über Emsbüren, Rheine, Emsbetten, Telgte bis in die, nach Norden durch die Ems, nach Süden durch die Lippe begrenzte Gegend östlich von Warendorf. Es hielt sich bis Stromberg in der Nähe des Emsflusses; die Hügelgegend von Beckum, damals noch stark bewaldet und nur von wenigen Hofesbesitzern bewohnt, wurde nicht berührt. Oestlich von Stromberg wird das Land eben; das Heer konnte sich nun weiter, bis an die Lippe, ausbreiten. Die Hauptarmee mochte bis in die Gegend zwischen Rietberg und der Lippe, der Vortrab unter Stertinius bis etwa Delbrück vorgedrungen sein, als Germanicus erfuhr, in dem Waldgebirge, das er auf dem Marsche zur Seite gelaſſen, (dem jetzigen Kreiſe Beckum) finde ſich das Schlachtfeld, auf welchem Varus die Niederlage erlitten. Er beſchloß, das geſammte Heer, wenigſtens ſo weit es aus Römern beſtand, nach dem Felde zu führen. Cäcina erhielt den Auftrag, das Waldgebirge zu durchforſchen, oder vielmehr zu ermitteln, ob es Feinde berge, einen Weg hindurch zu bahnen, Brücken über die verſchiedenen kleinen Bäche, und Dämme in den faſt immerdurch ſumpfigen kleinen Thälern anzulegen. — Noch finden ſich Ueberreſte eines den ſüdlichen Theil des Kreiſes Beckum in der Richtung von Südoſten nach Nordweſten durchziehenden, an einigen Stellen 3 bis 4, an anderen nur 1 bis 2 Fuß aufgehöhten Weges. Derſelbe, auf Tafel IV. zu meiner größeren Schrift angedeutet, auch in den Notizen des Oberſtlieutenants Schmidt, Zeitſchrift des weſtfäliſchen Geſchichtsvereins, Jahrgang 1859 S. 286 angeführt, beginnt in der Bauerſchaft Keßler, eine Meile öſtlich von Lippborg, berührt die Oſtſeite des Waldes Havirbrock, und endet nordwärts in dem ſandigen Thale der Werſe, ¼ Meile weſtlich von Beckum. Es iſt wohl Grund zu der Annahme vorhanden, daß dieſer Weg von Cäcina herrührt. Als ein ehemaliger Kommunikationsweg kann er, da er keine Ortſchaften verbindet, auch wegen ſeiner geringen Breite, nicht angeſehen werden. Ueberhaupt iſt nicht denkbar, daß er für die Bewohner der Gegend je einen Zweck erfüllt habe. — Auf Cäcina's Meldung, daß die angeordneten Vorkehrungen getroffen ſeien, trat Germanicus den Marſch nach dem Schlachtfelde an. Wer die Gegend zwiſchen Ems und Lippe kennt, oder auch nur eine ſpecielle Karte einſieht, wird ſich leicht vergegenwärtigen können, in welcher Art er ausgeführt wurde. Das römiſche Heer war von Nordweſten her vorgerückt; es ſtand zwiſchen Rietberg und der Lippe und zog nun in ſüdweſtlicher Richtung auf dem am Lippefluß ſich hinziehenden Sandboden bis zur Bauerſchaft Keßler, dann auf dem eben erwähnten Wege durch den Klei nach dem nur noch eine Meile entfernten Walde Havirbrock. In dieſem fand es das Lager (S. 49 oben), ¼ Meile weiter weſtlich das mit den Ueberreſten des varianiſchen Heeres bedeckte Schlachtfeld.

Von dieſem gibt Tacitus Ann. I. 61, 62 folgende Beſchreibung: „.... Weiterhin (ſah man) einen nur halb aufgeworfenen Wall und niederen Graben, wo die ſchon zuſammen geſchmolzenen Ueberreſte ſich geſetzt hatten, — mitten auf dem Felde die bleichenden Gebeine der Gefallenen, je nachdem ſie auf der Flucht begriffen geweſen oder Widerſtand geleiſtet, zerſtreut oder in Haufen. Daneben lagen Bruchſtücke von Waffen und Gliedmaßen von Pferden; auch sah man Schädel an Baumstämme angenagelt. In nahen Hainen standen barbarische Altäre, auf denen die Tribunen und die Centurionen ersten Ranges hingeschlachtet (geopfert) waren. . . . . . Jetzt, sechs Jahre nach der Niederlage, barg das römische Heer die Gebeine der drei Legionen.... im Schooße der Erde. Den ersten Rasen zum Grabhügel legte der Cäsar (Germanicus) u. s. w." — Der Grabhügel wurde bald darauf von den Deutschen zerstört, — die beabsichtigte Wiederherstellung unterblieb. (Ann. 2, 7.) Es werden deshalb auch keine Spuren davon angetroffen. Doch sind nicht bloß auf Feldern unweit Beckum, ⅔ Meile nordwestlich vom Haviρbrock, menschliche Skelette, Pferdegerippe ꝛc. in Menge, sondern auch näher bei dem genannten Walde, Leichen gefunden, so an dem nur ⅕ Meile davon entfernten Heerberge 8 ohne Waffen, an anderen Stellen einzelne mit Speeren daneben. Uebrigens verdient der Umstand, daß das Zusammentragen der Gebeine und deren Bestattung in einem Grabhügel möglich war, Beachtung. Es geht daraus hervor, daß das eigentliche Schlachtfeld nicht von weiter Ausdehnung gewesen sein kann.

Von den Werken, welche Germanicus in der Nähe des Schlachtfeldes vorstand, können sich neben dem Lager nur noch die erhalten haben, welche Tacitus barbarische Altäre nennt. Für die vorliegende Frage ist es gewiß von Wichtigkeit, wenn sich solche nachweisen lassen.

Früher fanden sich neben den Feldern westlich vom Haviρbrock drei große Steindenkmäler, — zwei an der Nord=, eins an der Südseite. Letzteres ist vor 70—80 Jahren zerstört; die Steine sind zersprengt und nach Hamm verkauft, (Zeitschrift des westfälischen Geschichtsvereins, Jahrgang 1859, S. 283); man sieht sie in dieser Stadt an den Straßenecken als Prellsteine, einzeln auch in den Trottoirs. Zufällig fand ich ein von diesem Denkmal herrührendes Stück Granit, — es mag 1 Kubikfuß halten, — das nach einer Seite schön polirt und mit einer überall gleich breiten Aushöhlung (einer Blutrinne) versehen ist. Die beiden Denkmäler an der Nordseite existirten im Jahre 1835 noch und sind in meinen früheren Schriften näher beschrieben. Das größere ist in den Jahren 1840 bis 1845 auch zerstört; der Eigenthümer hat die Steine zum Chausseebau verkauft und dafür nach seiner Angabe 450 Thaler gelöst. Das zweite, mindestens zum Theil erhaltene Denkmal, nach einer neueren genauen Vermessung 78 Fuß lang, ist von der Königl. Preuß. Regierung angekauft und so gegen die vollständige Zerstörung gesichert. Diese drei Steindenkmäler sehe ich als die barbarischen Altäre neben dem Schlachtfelde an. v. W. verwirft diese Ansicht; ich glaube, sie daher näher vertheidigen zu müssen.

Die Steindenkmäler, welche im nordwestlichen Deutschland und in den Niederlanden vorkommen, gewöhnlich Hünenbetten, auch Hünensteine genannt, sind aus Granitblöcken, s. g. erratischen Blöcken, zusammengefügt, und zwar immer auf dieselbe Art. Drei bis vier kleinere längliche Blöcke, die der Länge nach 1 bis 3, der Breite nach gegen 5 Fuß von einander entfernt senkrecht aufgestellt sind und mit Pfeilern verglichen werden können, tragen einen größeren platten, horizontal liegenden Block. Dieser bedeckt den Raum zwischen den Tragsteinen (Pfeilern) und wird deshalb Deckstein genannt. Solcher Decksteine auf Tragsteinen sind in der Regel mehrere, bis 18 und darüber, so dicht an einander gelegt, daß sie zusammen ein Werk bilden. Fast immer stehen in einem gewissen Bezirke mehrere Denkmäler, z. B. im Giersfelde bei Ankum, im Hannöverischen Amte Bersenbrück 8, — auf einer Heide bei Emsbüren an der Mittelems 3, — beim Städtchen Freren, Grafschaft Nieder-Lingen, standen 3, wovon 2 erhalten sind; wie schon erwähnt, fanden sich in der Gegend südlich von Beckum vor 70 bis 80 Jahren auch 3.

Die Frage, wozu diese merkwürdigen, wenn auch roh, doch sehr dauerhaft gebauten Werke einst errichtet worden, hat in den letzten Jahrhunderten viele Forscher beschäftigt. Erst wollte man aus der Benennung „Hünenbetten" Folgerungen ziehen. Ein großer Mensch wird auch wohl „Hüne" genannt; Hüne heißt, sagte man, soviel als Riese; daß dem jetzigen ein Riesengeschlecht vorausgegangen, steht außer Zweifel; — die Benennung rührt von den Erbauern her: — also sind die Steindenkmäler Werke, von Riesen angelegt. Der Glaube, daß einst Riesen auf der Erde gelebt haben, schwand mit ihm diese Annahme. Es blieb aber eine andere Auslegung; „Hüne" sollte mit „Leiche" gleichbedeutend sein, folglich Hünenstein 2c. soviel heißen als Leichenstein oder Grabstein. Man stützte sich hierbei darauf, daß im nördlichen Westfalen und in den Niederlanden das Todtenkleid „Hünenkleid" genannt werde. Aber auch das beruht auf einem Irrthum. Ein holländischer Gelehrter, Hamconius, hatte vor etwa 200 Jahren die noch für Todtenkleid gebräuchliche Benennung „Hennekleid" gehört, dieselbe nicht recht verstanden, und „Hünenkleid" daraus gemacht. Lange Zeit ist ihm das Wort so nachgeschrieben, bis, und zwar erst in den letzten vierzig

Jahren, namentlich auch von holländischen Gelehrten\*) anerkannt worden, daß ein Mißverständniß zum Grunde liegt. „Hüne" bezeichnet nur „aus unvordenklicher Zeit herrührend." Der Benennung alter Werke, deren Entstehung unbekannt ist, finden wir fast immer die Sylben „Hüne" vorgesetzt. So werden die Steindenkmäler Hünensteine, Hünenbetten, Hünenhäuser, Hünenkeller, die alten Urnenhügel Hünengräber, Hünenpölle, Hünenhügel, Hünenberge, die Aschenurnen Hünenpötte, alte Lager Hünenburgen, genannt. — Wenn es nun mit der Behauptung, daß Hüne und Leiche gleichbedeutend seien, nichts ist, fällt auch die auf den Namen sich stützende, daß Hünenbette &c. &c. eine Ruhestätte für Todte bezeichne, in sich zusammen. — Dennoch wollen Viele die Steindenkmäler nur als Gräber gelten lassen. Die Schrift von J. K. Wächter: „Statistik der im Königreiche Hannover vorhandenen heidnischen Denkmäler" (Hannover 1841) spricht sich am bestimmtesten darüber aus. Gehen wir die darin angeführten Beweise durch. Wächter stellt S. 194 nach vorausgeschickten Bemerkungen und Erläuterungen die Behauptung auf:

daß die Hünenbetten, Hünengräber und Steinhaufen ursprünglich weiter nichts als Grabmäler haben sein sollen.

Den Beweis dieser Behauptung sucht er theils direkt, theils indirekt zu führen. Direkt:

1) durch den ziemlich allgemein verbreiteten Volksglauben.

(Das Volk glaube, die Denkmäler seien die Begräbnißplätze von Hünen oder Riesen, von Königen und Fürsten; ein solcher allgemein verbreiteter Volksglaube sei nicht unberücksichtigt zu lassen.)

2) Durch das Zeugniß von Schriftstellern.

(Es sei merkwürdig genug, daß Tacitus der steinernen Denkmäler gar nicht erwähne &c.; man müsse sich daher damit begnügen, was spätere Schriftsteller darüber geäußert haben. Dann werden Stellen aus den Schriften von Olaus Warm, Eccard, Westendorp u. A. angeführt.)

3) Gehe aus der Construktion der Steindenkmäler ihre wahre Bestimmung ganz unbezweifelt hervor.

Gesetzt aber auch, man wolle Alles dieses nicht gelten lassen, hebe doch endlich

---

\*) Westendorp, Verhandeling ter Beantwording der Vrage, welke Volkeren hebben de Hunebedden gesticht, Groningen 1822, S. 6. — Dr. Janssen, Drentsche Oudheiden, S. 122.

4) der Inhalt der Steindenkmäler alle Bedenken auf, die man gegen ihre wahre Bestimmung haben möchte.

(Man finde darin Urnen, steinerne und metallene Waffen und Geräthe ꝛc.)

Auch indirekt lasse sich darthun, daß die Steindenkmäler nur als Grabstätten betrachtet werden dürften:

a. Die Denkmäler seien nicht Altäre gewesen.

(Würde man sie dann, wie doch dies die topographische Beschreibung nachweise, wo Altar an Altar gereiht, ja hin und wieder in unmittelbare Berührung mit einander gebracht haben? Das hieße doch in der That, den Rauch der Altäre confundiren.)

b. Zu Versammlungsplätzen für das Volk zu Berathungen, Gerichtsplätzen ꝛc. könnten sie nicht gedient haben.

c. Weise der Umstand, daß neben der in der Nähe der Steindenkmäler fast immer auch unbezweifelt Grabhügel gefunden werden, darauf hin, daß auch sie nichts weiter haben sein sollen.

Der Beweis unter b. kann hier übergangen werden, da in meiner Schrift die darin angeführte Behauptung nicht aufgestellt worden. Gegen die übrigen ist Folgendes zu bemerken:

Zu 1. Im Kreise Meppen, Königreich Hannover, war früher ein Denkmal vorhanden, das die Sage als Grab eines Königs bezeichnete. Es hieß das „Hünenhaus" nach „König Suurbold's Grab." Der vor vierzig Jahren zerstörte Deckstein soll die Inschrift gehabt haben: „Hier lig begrawen Künnink Suurbold in eenen gülden Huusholdt, (Sarg)." Was von der Sage zu halten ist, ergiebt schon die angeblich vorhanden gewesene Inschrift, die, wenn sie wirklich existirt hat, offenbar nicht alt sein konnte. — Außer dem angeführten kennt man im nordwestlichen Deutschland kein Denkmal, das als Grab eines Königs oder Fürsten bezeichnet würde. — Daß den verschiedenen Benennungen der Denkmäler die Sylben „Hüne" vorgesetzt werden, weiset, wie schon vorerwähnt, keineswegs auf den Glauben an eine Errichtung durch Riesen hin; es wird dadurch nur ein Nichtbekanntsein der Zeit der Entstehung und der Erbauer angedeutet. Daß die Bedeutung Riese dem Hun oder Hüne gegeben eine spätere mythische, erst im Mittelalter entstandene ist, geht besonders aus den von Herrn Lisch untersuchten alten Urkunden in Mecklenburg hervor, woraus man ersieht, daß Gräber, die im 12. Jahrhundert bloß den Namen Antiquorum sepulcra führten, erst lange nachher Riesen=Gräber genannt wurden. (Jahrbücher des Vereins von Alterthumsfreunden im Rheinlande, Heft IV. S. 72, 73.)

Will man auf die im Volke verbreiteten Sagen und Benennungen Gewicht legen, so verdient es gewiß Beachtung, daß die Steindenkmäler im Osnabrückschen auch „Heidenkerken" (Heidenkirchen) und „Düwelssteene" (Teufelssteine) genannt werden. (Mittheilungen des historischen Vereins in Osnabrück, Jahrg. II. S. 401 und Jahrg. III. S. 247; — cfr. auch Möser, Osnabr. Geschichte Th. I. Abs. 3, §. 10, Lootmann, monum. Osnabr. p. 105.) Die Benennung „Teufelssteine" rührt bekanntlich daher, daß nach Einführung des Christenthums die Götter des Heidenthums als Teufel bezeichnet wurden. — Auch bei Namur gibt es einen Teufelsstein. (cfr. das oben angezogene Werk von Westendorp, S. 49.) In der Drenthe heißt ein Denkmal „papenloze kerk" (Kirche ohne Pfaffen). Einige Gegenden Frankreichs sind reich an Steindenkmälern. Gewöhnlich werden diese Werke mit dem in der Nieder=Bretagne üblichen Ausdruck Dolmen bezeichnet. In anderen Provinzen von Frankreich heißen sie: Pierres couvertes, — levées, — levades, des fées ou des fades, — Grottes des fées, — Tables des fées, — du diable, — auch: Châteaus ou Maison des fées, Cabanes des fées etc.

Zu 2. Auf Tacitus Worte, Germania 27: „.... Den Grabhügel zu errichten, dient Rasen. Der Denkmäler hohe und mühsame Ehre verschmähen sie (die Deutschen) als drückend für die Geschiedenen" wird weniger Gewicht gelegt, als auf die Annahme von Schriftstellern aus dem 16. und 17. Jahrhundert und dabei derjenigen, welche die Denkmäler als Altäre ansehen, wie z. B. Ubbo Emmius, (Histor. Fris.), nicht gedacht. Eben so wenig nimmt v. W. Rücksicht auf den wichtigen Umstand, daß die Beschlüsse mehrerer Kirchenversammlungen des 8. und 9. Jahrhunderts das Opfern auf Steinen, dem die zum Christenthum bekehrten Deutschen, Franken, Burgunder ꝛc. ꝛc. wahrscheinlich noch anhingen, streng verbieten. Kann mit den Opfern auf Steinen, wogegen die Beschlüsse eifern, Anderes gemeint sein, als das Opfern auf den Steindenkmälern?

Zu 3. Dafür, daß aus der Construktion der Denkmäler ihre Bestimmung als Gräber hervorgehe, führt v. W. an: "Will man eine Ruhestätte .... sichern, oder gar das Andenken an den Verstorbenen auf die Nachwelt übertragen, auch wohl durch Feste feiern, so muß man sie verschließen, physisch oder moralisch befrieden und dem Verschlusse oder der Befriedung solche Dauer und Gestalt geben, daß sie auf die Nachwelt übergehen kann. Alles dieses ist bei den Steindenkmälern auf eine höchst imposante Weise geschehen 2c. 2c...." Dabei ist zu bemerken, daß v. W. annimmt, jeder Deckstein bedecke die Ueberreste eines Helden oder sonst eines großen Mannes; — ein Denkmal z. B. von 10 Decksteinen habe also die Ueberreste von 10 Männern enthalten.

Die Gestalt der Denkmäler spricht durchaus gegen diese Ausführungen und Annahmen. — Man sieht es den Denkmälern an, daß sie von Anfang an ein Ganzes bildeten, oder vielmehr, daß alle Theile daran gleichzeitig — in einem gewissen Zeitraum — nach einem festen Plane erbaut sind. Häufig liegen die größeren Steine an der Ostseite und 1 bis 2 Fuß höher, wie die in der Mitte und an der Westseite; hie und da findet sich unmittelbar am Denkmal in dessen Mitte ein kleiner Vorbau; viele Denkmäler sind von einem Steinkreise, einem Gehege ringsum eingeschlossen. — Alles spricht für eine Benutzung zu religiösen Zwecken. Die höher liegenden Steine nach Osten dienten wahrscheinlich als eigentlicher Altar, — der Steinkreis schloß einen Raum ein, den nur die Priester betreten durften; in den Vorbauen scheinen, während geopfert wurde, Feuer gebrannt zu haben, — wenigstens fand sich in dem Vorbau des einen noch vorhandenen Denkmals bei Beckum eine Menge Holzkohlen. — In einzelne Decksteine sind Löcher gebohrt; wie Lodtmann und Andere annehmen, steckten darin Pflöcke, an welche die Opferthiere gebunden wurden; möglich ist, daß darin die Stangen der Bilder und Zeichen befestigt wurden, welche die deutschen Heere zur Zeit des Krieges aus den heiligen Hainen hervorholten; (Tacit. Germ. 4.) an anderen Steinen befinden sich Blutrinnen 2c. 2c.

Zu 4. In den letzten 40 Jahren sind die Steindenkmäler im nördlichen Westfalen und in den Niederlanden durch Männer, welche als gewissenhafte Forscher bekannt sind, gründlich untersucht. Dieselben haben unter den Decksteinen der Steindenkmäler keine eigentliche Urnen, sondern nur kleine hübsch verzierte oft teller= und trichterförmige Gefäße, nicht mit Knochen oder Asche gefüllt, 3 bis $5^1/_2$ Zoll hoch, auch Töpfchen mit sehr kleinen Henkeln und Pfännchen mit Stielen, zum Theil erhalten, zum Theil zertrümmert, gefunden.*)

---

*) Der Advokat Böbicker, welcher die im Hannöverischen Kreise Meppen vorkommenden Steindenkmäler sorgfältig untersuchte, äußert sich darüber dahin: "Von allen Steindenkmälern, die ich untersucht habe, kann ich fast mit Bestimmt=

Scherben von solchen Gefäßen sind mir zugesandt; sie unterscheiden sich von Urnenscherben auffallend. Die geringe Größe der Gefäße spricht nicht für ihre Benutzung als Aschenurnen; die Feinheit, Zierlichkeit derselben läßt vielmehr auf einen Gebrauch zu anderen Zwecken schließen. Man ist auch fast allgemein darüber einig, daß sie zu Opfergefäßen dienten.

Sind anderwärts wirklich eigentliche Urnen mit Knochen und Asche unter Decksteinen angetroffen, so folgt daraus noch nicht, daß die Denkmäler errichtet worden, um als Grabstätten benutzt zu werden. Stand nicht vielleicht hochstehenden Personen, namentlich Priestern, das Vorrecht zu, daß ihre Ueberreste in den Altären beigesetzt wurden? In unseren Kirchen sind früher auch viele, werden mitunter noch einzelne Leichen beerdigt. — Eben so kann in älterer Zeit die Bestattung an geweihter Stätte erfolgt sein.

Das Vorkommen von Steinwaffen u. s. w. im Innern der Denkmäler läßt auf ihre Benutzung als Grabstätten noch weniger schließen. Werden diese Werkzeuge nicht zum Tödten und Abhäuten der Opferthiere gedient haben? Die deutschen Priester waren, wenigstens zum Theil, auch Krieger (Tac. Ann. 1, 57); bargen sie nicht vielleicht ihre Waffen im Heiligthum? — Fanden sich nicht vielleicht auch andere Krieger bewogen, ihre eigenen oder erbeutete Waffen einer heiligen Stätte anzuvertrauen?

Was die unter a. und c. angeführten s. g. indirekten Beweise betrifft, so begründet der Umstand, daß an einzelnen Stellen mehrere Steindenkmäler nahe zusammen liegen, wohl am wenigsten einen Zweifel gegen die Annahme derselben als Altäre. Enthält ja noch der größere Theil unserer Kirchen drei und mehrere Altäre. Von den alten Steinaltären mochte der eine dieser, der andere jener Gottheit geweiht sein; vielleicht hatte jede der Gemeinden, welche mit anderen zusammen an einem und demselben heiligen Orte ihren Gottesdienst

---

heit behaupten, daß darunter keine Urnen beigesetzt worden. Nirgends finden sich die vielen Kohlen verbrannter Knochen und mit Asche vermischter Erde, welche man in den eigentlichen aus Erde aufgeführten Grabhügeln immer antrifft." Auch in dem s. g. Torbold's Grabe fand B. keine Ueberreste von Urnen, nur von den feinen Geschirren, welche nach seiner Ansicht zu Opfergeschirren dienten. — Pastor Deitering in Emsbüren traf in den von ihm untersuchten Denkmälern keine Spur von gebrannten Knochen an. (Archiv für die Geschichte :c. Westfalens, Band II. Heft 2, S. 166, und Heft 3, S. 324.) Die von meinen Freunden und von mir selbst vorgenommenen Untersuchungen der Steindenkmäler bei Freren und in der Grafschaft Tecklenburg ergeben dasselbe Resultat.

verrichtete, einen besonderen Altar; möglich auch, daß, je nachdem die Feste fielen, bald hier, bald dort geopfert wurde.

Das Vorkommen von Grabhügeln in der Nähe der Steindenkmäler wird von Anderen gerade als ein Beweis für die Bestimmung dieser zu religiösen Zwecken angesehen. Und gewiß mit Recht. Aus demselben Grunde, der bis vor wenigen Jahrzehnden die Bestattung der Hingeschiedenen in den Kirchen oder doch in der Nähe derselben veranlaßte, wird man auch in vorchristlicher Zeit den Seinigen eine Ruhestätte an den damals heiligen Orten, oder in der Nähe derselben zu verschaffen gesucht haben. Wie unsere alten Kirchhöfe in der Nähe der Kirchen, liegen die Grabhügel häufig in der Nähe der Steindenkmäler.

Von den Gründen, welche mich überzeugt haben, daß die Steindenkmäler zu religiösen Zwecken errichtet worden, will ich hier die wesentlicheren anführen.

Die aus mächtigen Granitblöcken erbauten Werke erregen das Erstaunen eines Jeden, der sie besichtigt. Man weiß sich kaum zu erklären, wie sie in einer Zeit zu Stande gebracht werden konnten, wo es an mechanischen Hülfsmitteln noch so sehr fehlte, wie es namentlich möglich gewesen, die bis 800 Centner schweren, zu Decksteinen verwendeten Blöcke, welche ohne Zweifel weit und breit umher zerstreut lagen, zusammen zu wälzen und auf die Tragsteine (Pfeiler) zu bringen. Die Anzahl der Blöcke ist nicht gering. Das Denkmal in der Kunkenvenne hat außer den zu Pfeilern und zu der Einfriedigung verwendeten Steinen 18 Decksteine; zu dem noch vorhandenen bei Beckum waren außer den Trägern 21 Decksteine verwendet, und darunter kommen Stücke vor von 6 bis 7 Fuß Länge, 4 bis 5 Fuß Breite und 3 Fuß Dicke. — Das Zusammenwälzen konnte sowohl im Klei- als im Sandboden nur auf starken Rollen, oder zur Winterzeit, wenn der Boden hart gefroren war, geschehen. Welcher Kräfte wird es bedurft haben, wieviele Jahre werden darüber hingegangen sein, bevor das erforderliche Material zu einem Denkmal zusammen gebracht war! Wie eine nähere Untersuchung ergiebt, begann der Bau damit, daß man erst die länglichen Blöcke senkrecht, als Pfeiler, aufstellte und diese am Fuße durch kleinere Granite stützte. Anscheinend wurde dann der Raum an einer Seite bis zur Höhe der Pfeiler mit Erde schräg angefüllt und diese festgestampft. So entstand eine schiefe Ebene, auf welcher die Decksteine weiter fortgewälzt werden mußten, bis sie auf die Pfeiler gelegt werden konnten. Waren die Decksteine hinlänglich befestigt, so erfolgte das Wegräumen der aufgeschütteten Erde und das Werk stand fertig da.

In Westfalen kommen, soviel mir bekannt, vier Arten von Steindenkmälern vor:
1) mit höheren Pfeilern, deren Zwischenräume offen liegen, so daß man unter den überall gleich hoch liegenden Decksteinen durchkriechen kann — s. g. Schlopsteine;
2) mit etwas niedrigeren, oder tiefer im Boden stehenden Pfeilern, an den Seiten zwar auch offen, aber doch nicht so weit, daß man unter den in gleicher Höhe liegenden Decksteinen her kriechen könnte;
3) ähnlich beschaffen, wie die unter 2; von den Decksteinen ragen jedoch einer, oder auch wohl zwei, an der Ostseite 1 bis 2 Fuß über die anderen hervor;
4) ebenfalls von der Beschaffenheit, wie die unter 2; die Räume zwischen den Pfeilern sind jedoch durch s. g. trockne Mauern von etwa 3 Fuß Dicke vollständig ausgefüllt, so daß das Innere eine Höhlung von etwa 5 Fuß Höhe und Breite und von derselben Länge, wie das Denkmal selbst, bildet.

Einige dieser Werke sind von einem Steinkreise (einer länglich runden Einfriedigung von aufrecht stehenden kleinen Granitblöcken) umgeben; zwischen denselben und dem Denkmal bleibt ein Raum von 3—4 Fuß; bei anderen fehlt dieser Steinkreis. Einzelne haben außerdem an einer Seite, fast genau in der Mitte, einen Vorbau, der einen Raum von etwa 9 [ ] Fuß einnimmt.

Die Steindenkmäler werden nicht bloß in Deutschland, sondern auch in den Niederlanden, in Belgien, Frankreich, England, Dänemark, Spanien und, wie weiter unten angeführt werden wird, selbst in außereuropäischen Ländern angetroffen. Die Errichtung derselben haben sich im grauen Alterthum fast alle Völker angelegen sein lassen, also nicht bloß die Kelten, Skandinavier 2c., sondern auch die Germanen. Letzteren können die in unserem Vaterlande vorkommenden unbedenklich zugeschrieben werden. Zur Zeit, wo sie erbaut wurden, waren die Zustände im nordwestlichen Deutschland von denen, welche Tacitus in der Germania schildert, ohne Zweifel wenig verschieden. Der herrschende Theil der Bevölkerung, die Hofesbesitzer, lebte in der größten Freiheit; jeder derselben war unbeschränkter Herr auf seinem Boden. Einzelne darunter standen in höherem Ansehen; aus denselben wurden die Vorsteher oder Könige, **reges**, wie Tacitus sie nennt, — aus dem ganzen Volke die Tüchtigsten, als Feldherrn gewählt, diese sowohl als jene aber nur auf gewisse Zeit; erbliche Würden klebten an keiner Familie. Ist anzunehmen, daß ein so vollständig freies Volk sich dazu habe verstehen können, für seine Vorsteher oder Könige Gräber zu errichten, deren Bau so sehr schwierig und langwierig war, wie der Bau der Steindenkmäler gewesen sein muß? Oder darf gar als möglich angenommen werden, Einzelne der Angesehenen seien im Stande gewesen, solche Werke auf ihre Kosten, oder durch die ihnen zu Gebote stehenden Kräfte für sich und ihre Angehörigen ausführen zu lassen? Gewiß nicht, man braucht nur an das Zusammenwälzen der Steine zu denken, um sich zu überzeugen, daß ganze Gemeinden beim Bau eines Werkes mitgewirkt haben müssen. Die Mehrzahl der Geschichtsfreunde erkennt dieses an und kommt deshalb darauf, die Werke als Gräber, nicht für Vorsteher und Könige, sondern für Heerführer und Helden anzusehen. Da bleibt dann wieder nicht bloß sehr fraglich, ob das Volk in seiner Verehrung so weit gegangen sein könne, daß es sich der Mühe des Baues unterzog, sondern auch unerklärlich, woher in gewissen Bezirken, welche eine so große Zahl von Steindenkmälern aufzuweisen habe, wie die Aemter Meppen, Berssenbrück, Freren, Emsbüren ꝛc. die vielen Helden gekommen sein sollten.

Eines freien Volkes Art ist es nicht, für seine angesehenen Männer oder Helden großartige Grabstätten aufzubauen. Alle Völker aber, sowohl die freien als die, welche unter der Botmäßigkeit von Herschern standen, haben von jeher die größte Bereitwilligkeit und Ausdauer gezeigt, wenn es galt, Werke zu errichten, die zur Gottesverehrung dienen sollten. Der Wunsch, sich die Gottheit geneigt zu machen, die Furcht, im Falle der Nichtmitwirkung ihren Zorn auf sich zu laden, religiöse und andere Motive trieben dazu. Tempel entstanden so bald nicht; man begnügte sich mit Altären. Wie diese angelegt wurden, ergeben folgende Bibelstellen: 2 Buch Moses 20, 25: „Und so du mir einen steinernen Altar willst machen, sollst du ihn nicht von gehauenen Steinen bauen; denn so, wie du mit deinem Messer darüber fährst, wirst du ihn entweihen." Aehnliches Moses 5, 27, 5; — 5, 16, 21, oder 17, 4, — Josua 8, 31 und Richter 6, 25, — 13, 19. Die Gomara beschreibt einen Altar mit folgenden Worten (nach einer Uebersetzung): „Die Steine von Mercolis Heiligthum sind so geordnet, daß einer hier, der andere dort steht, auf beide ein dritter gelegt ist." Also bei den israelitischen Altären unbehauene Trag= und Decksteine wie bei unseren Steindenkmälern. Westenborp weist in der oben angezogenen Schrift S. 179 nach, daß sich in manchen Theilen von Afrika und Asien ähnliche Altäre finden. Strabo erwähnt im Eingange des dritten Buches solcher Steinsetzungen in der Gegend des Vorgebirges von St. Vincent, in Spanien und dazu ist in den Memoires de l'Academie Celtique II. 308 bemerkt: „Voila une description des dolmens ou autels druidiques et une épreuve, qu'il y en avait dans l'Espagne etc. . . Il y en a encore et on les y apelle antas, mot qui signifie pilastres, jambages des portes etc." (cfr. Westendorp an der eben angeführten Stelle.)*]

Daß die Steindenkmäler eine religiöse Bestimmung hatten, ergibt auch ihre Lage, stets genau oder doch ungefähr in der Richtung von Osten nach Westen, und ihre passende Höhe, 3 bis 4 Fuß über dem Boden. Es läßt sich ferner daraus folgern, daß, namentlich in Frankreich, noch in neuerer Zeit abergläubische Andachtsübungen daran verrichtet sind. (Westendorp S. 38, Zeitschrift Ausland, 1588, S. 946 f.) Sogar das als heilbringend geltende Kriechen unter den Schlopsteinen her (S 66 Nr. 1 oben) ist noch vorgekommen. In den ersten Jahrhunderten nach Einführung des Christenthums wurde der Steindienst in Frankreich fortgesetzt. Die Schrift „die Feen in Europa" von Dr. Heinrich Schneider (Freiburg 1842) enthält darüber höchst interessante Nachrichten. Nehmen wir folgende Stelle (S. 76): „Zwar kehrte (nach Einführung des Christenthums) das gemeine Volk mit angeerbter Pietät immer wieder zu den Dolmen (Decksteinen, nun auch Cancelli genannt) der Vorzeit zurück. Daselbst zündete es nächtlicher Weise Lichter an, brachte Opfer dar und pries die Luna als Herrin und deren Eingeweihte als Göttinnen." — Zu vergl. auch Grimm deutsche Mythologie, Auflage II. S. 611, — ferner Ubbo Emmius, Histor. Fris. p. 21. Von den Sachen, welche unter den Decksteinen angetroffen worden, sind auch manche merkwürdig. In einem Denkmale bei Rolle (Drenthe) wurden bronzene Pallasbildchen, innerhalb der Ringsteine des „Düvelssteens" bei Namur römische Münzen von Vespasian, Hadrian und anderen Kaisern gefunden; die Münzen lagen nicht zusammen als ein verborgener Schatz, sondern hie und da in den Boden zerstreut, könnten deshalb unzweifelhaft als Opfergaben angesehen werden. (Westendorp, S. 49.)

---

*) Hierbei mag auch berücksichtigt werden P. Virgilii Maronis Aeneis Ges. I. V 109: „Saxa vocant Itali, mediis quae in fluctibus, Aras."

Hierzu kommt, daß, wie aus den Beschlüssen verschiedener Kirchenversammlungen hervorgeht, (Grimm, deutsche Mythologie Aufl. I. S. XXI., Keisler, Antiquitates selectae septentrionales, Schmidt, deutsche Geschichte I. S. 633 ec., cfr. auch Gregor: Turon. Histor. VIII. 15.) unsere heidnischen Vorfahren auf Steinen (steinernen Altären) opferten. Daß es nur unsere Steindenkmäler sein können, auf welche die Concile so sehr ihre Aufmerksamkeit richteten, gegen deren Verehrung sie so sehr eiferten, über welche der Exorcist mitunter den Teufelsbann aussprach, (Schreiber S. 78) wird anerkannt, dabei aber von einigen die Behauptung aufgestellt, nur die kleineren Werke mit einem Deckstein seien als alte Altäre, die größeren mit mehreren Decksteinen, als Gräber anzusehen. Auf Gräber sollten die Alten unendlich größeren Fleiß verwendet haben, als auf Werke, den Göttern geweiht? Daraus würde gleichsam folgen, daß sie ihren Königen oder Helden mehr Achtung bewiesen, als ihren Gottheiten. — Gegen die Annahme der Denkmäler als Altäre wird auch geltend gemacht, daß die obere unebene Fläche der Granitblöcke nicht zum Opfern ec. geeignet gewesen sei. Der Einwand ist eben wenig von Bedeutung. — Die Alten nahmen die Steine in dem Zustande, wie sie solche vorfanden; den Israeliten war das Bearbeiten derselben verboten; anfangs mochte es an Werkzeugen zum Behauen oder Abschleifen fehlen; später sind auch einzelne Steine einigermaßen zubereitet\*). So hatte u. A. das vor 70—80 Jahren zerstörte Denkmal bei Beckum wenigstens einen polirten, mit einer Rinne versehenen Granit, einer der Decksteine des 1836 und die folgenden Jahre zerstörten in der Mitte eine Höhlung. Aehnlich zugerichtete Steine sind auch auf anderen größeren Steindenkmälern gefunden. —

Wenn diesem Allen nach die Steindenkmäler überhaupt, so dienten auch die bei Beckum zu religiösen Zwecken und es kann unbedenklich dabei stehen geblieben werden, daß sie Altäre der Art darstellen, welche Tacitus barbarische nennt. Höchst merkwürdig bei denselben (den Beckumer Denkmälern) ist, und sie unterscheiden sich dadurch von Anderen ganz, daß sie mit unverbrannten Leichen angefüllt waren. Die Deutschen opferten auch Menschen. (Tacit. Germ.

---

\*) In der Kirchengeschichte der Schweiz von Dr. Gelpke, Professor in Bern (Bern 1856) wird darüber S. 390 gesagt: „So nahmen die idola und simulacra, anfangs nur rohe Steine, wie durch höhere Macht an ihre Stelle hingeschleuderte erratische Blöcke (noch jetzt Heidensteine genannt), allmählig auf eine gewisse Gruppirung (Deck- und Snappsteine) auch eine künstliche Bearbeitung an u. s. w."

9 und 39, Ann. 1, 61 und 13. 57, Kapitular Karl's des Großen von 785, worin bestimmt wird: „Wer einen Menschen dem Teufel — der heidnischen Gottheit, — opfert . . . , der soll des Todes sterben.") Werden die Leichen in den Steindenkmälern bei Beckum nicht auch von Geopferten herrühren? Oder woher sonst? Die Unwahrscheinlichkeit der verschiedenen Vermuthungen, wonach es Leichen gefallener Krieger, oder der in der ersten Zeit nach Einführung des Christenthums gestorbenen Bewohner der Umgegend gewesen sein sollten, welche hier ruhten, ist früher besprochen. — (S. 216 f. meiner Schrift.) Der Umstand, daß überall zwischen den Leichenschichten Schneckenhäuser, und zwar in Menge, gefunden werden, spricht allein schon hinlänglich gegen die Annahme einer gleichzeitig erfolgten Beisetzung der Leichen — die doch, wenn hier die in einer Schlacht Gefallenen untergebracht worden, hätte erfolgen müssen; die Annahme einer christlichen Begräbnißstätte hat der Pfarrer Niesert in der Schrift: „Versuch eines archäologischen Beweises, daß die bei Beckum entdeckten alten Gräber die älteste Form christlicher Begräbnisse nicht darstellen" widerlegt. — Da wir bestimmt wissen, daß die Deutschen Menschen opferten, daß es auf barbarischen Altären geschah, — so ist doch wohl Grund vorhanden, die Leichen für Ueberreste von Geopferten zu halten. Werden nicht auch die verschiedenen Vegitabilien, welche andere Werke z. B. die Burgwälle, enthalten, als Ueberreste von Opfern angesehen?

v. Wietersheim sagt S. 472, die Beckumer Steindenkmäler seien 1835 und 1854 wissenschaftlich untersucht und als Grabstätten erkannt worden. Davon ist nur richtig, daß Dr. Erhard, welcher die erste Untersuchung vorgenommen, die Benennung „Gräber" gebraucht hat, aus dem einzigen Grunde, weil er Leichen fand. Die zweite Untersuchung war mir übertragen; ich habe, weil ein flacher Stein, der auf 4 kleineren lag und als Opferstein angesehen werden konnte, an einer Seite des Denkmals in dessen Mitte losgedeckt wurde, und aus anderen Gründen stets nur die Vermuthung ausgesprochen, daß die Denkmäler zu Altären dienten, auf denen Menschenopfer dargebracht worden, und daß es Leichen von Geopferten seien, welche in Schichten unter den Decksteinen liegen. Bei der ersten Untersuchung war nicht bloß der Opferstein unbemerkt geblieben, sondern auch nicht tief genug gegraben; unter einer dünnen Steindecke, womit nach Erhard's Meinung das vermeintliche Grab unten abschloß, fand sich noch eine Lage Leichen.

v. W. sagt ferner: „Am allerundenkbarsten aber ist, daß man für die Leichen geopferter Menschen (Verbrecher oder Gefangene) …… mit so ungeheurem Kraft= und Zeitaufwande dergleichen Riesengräber errichtet habe." Eine sonderbare Einrede! — Die Werke waren zu Ehren einer Gottheit errichtet, der zu gewissen Zeiten Menschen geopfert werden mußten. Die Geopferten wurden der Gottheit gleichsam übergeben; — man barg daher ihre Leichen im Heiligthume. Das Beisetzen der Leichen, wozu die Werke nur nebenbei benutzt wurden, stellt v. W. als deren Hauptzweck dar.

Das römische Heer stand noch auf dem varianischen Schlacht=felde, oder hatte dasselbe eben verlassen, als es ein deutsches unter Hermanns Führung sich gegenüber sah. Dieses wich anfangs, nahm dann aber den Kampf an, der die Rückkehr des römischen Heeres nach der unteren Ems zur Folge hatte. Die verschiedenen Ansichten darüber, wo der Kampf stattgefunden, sind oben S. 47 besprochen. Wir wenden uns daher zu den Ereignissen, womit der Feldzug endete.

### C. Die pontes longi.

Meine Annahme in Betreff der Lage derselben wird in dem v. W.'schen Werke kurzweg verworfen. Was darüber gesagt wird, besteht in Folgendem:

„Nur die Ansicht E....s, daß die **pontes longi**, bei denen Cäcina im Jahre 15 mit größter Anstrengung nur Varus Schicksal entging, im Bourtanger Moor in Ostfriesland (im Lande der alten Friesen), kaum 4 Meilen von der Nordsee zu suchen seien, kann ich, weil meiner Annahme über den Feldzug des Germanicus S. 436 widersprechend, nicht ganz mit Stillschweigen übergehen.

Merkwürdig, zwei erfahrene Militairs, General von Müffling und Hauptmann Flensberg in Münster haben die Lage dieser Brücken auf der Militairstraße zwischen Mittel=Ems und Vetera, und zwar übereinstimmend, bezeichnet. Aber ein im Jahre 1817, also noch früher als solche schrieben, im Bourtanger Moor entdeckter Knüppeldamm von Tannenholz, stößt plötzlich dies Alles wieder um.

1) Die **pontes longi** waren von Domitius Ahenobarba etwa im Jahre 2 vor Chr. auf dem Zuge aus Rhätien durch Germanien, namentlich durch das jetzige Franken, Ober= und Niedersachsen und Westfalen nach dem Rheine unternommenen Zuge angelegt worden. Was in aller Welt aber hatte dieser dabei an der Nordsee im Lande der bereits unterworfenen Friesen zu suchen?

2) Cäcina war im Jahre 15 von **Vetera** per Bructeros an die Ems marschirt und sollte nun **auf demselben Wege**, weil Tacitus sagt: quamquam notis itineribus regrederetur, zurückmarschiren. E. aber läßt ihn um seiner Entdeckung willen längs der Ems hin, durch das Land der Friesen marschiren, gerade in derselben Linie, die nach Tacitus Pedo mit der Reiterei einschlug, also nicht **per Bructeros**, sondern per Frisios, mit einem Umwege von wenigstens 30 Meilen und **Arminius** solchem ebenfalls 30 Meilen weit in das Gebiet römischer Verbündeter und bis in die Nähe der Nordsee nachrücken, wo Cäcina, Pedo's Reiterei, und Germanicus Flotte noch dicht neben einander sein mußten. Es scheint mir unnöthig hierüber mehr zu sagen." —

Wahrlich, diese Auslassungen reizen fast zu dem Ausspruch, es scheine unnöthig, darauf zu antworten. Der Sache wegen und da Manche mit den örtlichen Verhältnissen nicht genau bekannt sein mögen, jedoch Folgendes.

Die v. W.'schen Anführungen sind zum großen Theil unrichtig. a) Das Burtanger Moor liegt nicht in Ostfriesland, sondern im Königreich der Niederlande, an der Ostgrenze der Provinz Groningen. In älteren Zeiten gehörte es zum Lande der Brukterer oder zum Lande der Ampsivarier, im Mittelalter bis 1482 zum Bisthum Münster. [Hobbeling, Beschreibung des Stifts Münster, S. 1.\*)] b) Das genannte Moor liegt nicht 4 sondern über 8 Meilen von der Nordsee entfernt. c) v. Müffling und Flensberg haben die Gegend, worin nach ihrer Ansicht die pontes longi angelegt gewesen sein sollen, nicht übereinstimmend bezeichnet. Letzterer findet sie in der Gegend östlich von Coesfeld, Ersterer glaubt, sie in einer Gegend mehr südlich annehmen zu dürfen. Derselbe schreibt darüber an den Obristlieutenant F. M. Schmidt (Zusammenstellung der Tagebuch-Notizen desselben, in der Zeitschrift des westfälischen Geschichtsvereins, Jahrgang

---

\*) Das Burtanger Moor schließt ein Ländchen ein, das den Namen „Westerwolde" (Westerwald) führt. Noch jetzt ist dasselbe reich an Waldungen, daher und weil es zu einem östlich liegenden Lande (dem der Brukterer oder Ampsivarier) gehörte, sein Name. — Wäre es in den älteren Zeiten ein Bestandtheil des Friesenlandes gewesen, würde es nicht „Wester-" sondern „Osterwald" genannt sein. Die Bewohner der Gegend sprechen auch nicht holländisch; ihre Sprache ist mit der im benachbarten Niederstift Münster herrschenden fast ganz übereinstimmend. Das Moor, welches Westerwolde nach Osten einschließt, gehört noch jetzt zum Theil zu dem hannöverischen Amte Meppen, dem ehemaligen Niederstift Münster.

1859, S. 270): „Nachdem ich die pontes longi — mit der Beschreibung des Tacitus in der Hand wie eine Stecknadel in ganz Westfalen gesucht und keine andere dazu passende Gegend als unweit Dülmen gefunden hatte, so mußte natürlich die Frage entstehen: Wenn die Verbindung mit Aliso am rechten Ufer der Lippe bestand, warum warf sich Cäcina nicht in diese Straße anstatt sich durch das ungünstige Defilée zu zwängen? — Um so mehr als dieser betretene Verbindungsweg nur eine Meile von der pontes entfernt war ꝛc." — Der umsichtige General war also über die Richtigkeit seiner Annahme selbst in Zweifel. — Schmidt sucht solche zu heben. Er antwortet S. 277: „Die Frage . . . dürfte sich aus der Stellung der Deutschen erklären lassen. Der Hellweg bei Haus Merfeld ist noch zwei deutsche Meilen von jener Straße (an der Lippe) entfernt. . . . . . Die von Coesfeld bis zur Stever und der Alisostraße sich erstreckende Bruchlinie konnte nur auf gebauten Straßen überschritten werden und daß noch südlich der pontes eine solche vorhanden gewesen, ist sehr zu bezweifeln. . . . Die Deutschen hatten auf kürzeren Wegen und vor Cäcina die pontes erreicht, woraus man schließen darf, daß sie, während der Marsch des Cäcina nach der Ems und von da nach den pontes einen Winkel bildete, auf der Diagonale gefolgt waren, das römische Heer links cotoyrt hatten und wenigstens mit ihren Hauptkräften zwischen den pontes und der Alisostraße standen." — Hieraus geht, — weiter sei darüber nichts gesagt, — eine entschiedene Abweichung von der Flensberg'schen Annahme hervor. d) Im Burtanger Moor wurde, und zwar 1818 nicht 1817, kein Knüppeldamm, sondern eine brückenähnliche Anlage entdeckt, — nicht bloß von Tannen=, vielmehr auch von Eichen=, Birken= und Erlenholz. Die Anlage im Moore ist förmlich gezimmert; die Knüppeldämme bestehen aus Bündeln von Knüppeln, die quer durch den Weg gelegt werden. e) Cäcina berührte auf dem Wege vom Burtanger Moor nach dem Niederrhein höchstens einen ganz kleinen Theil des alten Friesenlandes, er mußte fast ausschließlich durch's Land der Tubanten, Chamaven ꝛc. zurückgehen, nicht per frisios. f) Cäcina war im Burtanger Moor, namentlich bei ter Haar nicht mehr dicht bei Pedo's Reiterei und Germanicus Flotte, sondern mehrere Meilen weit davon entfernt. Auf die sonstigen Auslassungen in der eben angeführten Stelle ist zu erwidern:

Die Entdeckung der Brücke im Moor zwischen Terhaar in Westerwolde und Balthe in der Provinz Drenthe im Jahre 1818 stößt nichts um, beweis't vielmehr nur die Richtigkeit der Ansicht älterer und neuerer Geschichtsforscher in Betreff dieses Gegenstandes. Lipsius nahm die langen Brücken im Burtanger Moor an (Taciti Opera etc., Antwerpen 1668, S. 32, Not. 217.) Die d'Anvillesche Karte des römischen Reiches und der Sprunersche Atlas von Alt=Germanien und die Mitte des fünften Jahrhunderts haben sie ebenfalls in dem genannten Moore. In der Uebersetzung der Annalen des Tacitus durch St. Amelot de la Houssaie (la Hace 1692) findet sich folgende Note: „.... passage des longs ponts. Cest une chaussée, batie sur pilotis avec force sable, tenant plus d'une lieue. Les Hollandois y ont fait un fort, par ou l'on passe en Frisc." Mit dem „fort" ist das Fort Burtange in Westerwolde gemeint. — Wächter sagt in seiner Statistik der im Königreiche Hannover vorhandenen heidnischen Denkmäler S. 131: „Die im angrenzenden Burtanger Moor im Jahre 1818 entdeckten Bohlwege, die berühmten pontes longi des Tacitus münden in diesem Amte (Meppen) ꝛc. ꝛc." — Barth (Teutschlands Urgeschichte, Th. I. S. 537—538) spricht sich darüber, daß die Vereinigung der drei Armeekorps unter Germanicus, Pedo und Cäcina in der Gegend von Rehde stattgefunden habe, bestimmt mit den Worten aus: „An der Ems vereinigten sie sich, lagerten am bourtangischen Moor, die Friesen heilten ihnen den überhandnehmenden Skorbut durch das Kraut Britannika. Dabei führt er Plinius Naturgeschichte XXV, 7, an,*) und setzt hinzu: „Lipsius vermuthet nicht ohne Wahrscheinlichkeit, daß das Bourtange Moor in Niedermünster und Groningen (holländisch Bretansche Heide genannt) der bezeichnete Platz gewesen ꝛc."

Uebrigens sind in dem Moore zwischen Westerwolde und der gegenüber liegenden Provinz Drenthe auch Ueberreste von Nebenbrücken entdeckt, nicht von der Breite, wie die zwischen Terhaar und Walthe, zum Theil aus 2 bis 3 Fuß von einander liegenden Balken bestehend, so daß man von einem auf den andern Balken springen muß. Ob

---

*) Auszug aus der betreffenden Stelle: „Als Germanicus Cäsar in Germanien mit der Armee über den Rhein ging, fand man in den Gegenden am Meere nur einen einzigen Brunnen, der süßes Wasser hatte. Wer aber davon trank, dem fielen innerhalb 2 Jahre die Zähne aus. . . . . Zur Kur fand man ein Kraut, das Brittanika heißt. . . . Die Friesen, wo damals das Lager stand, haben unsere Leute mit dem Kraute bekannt gemacht. . . . . . . Daß es deshalb nicht Brittanika heiße, weil es in Brittannien häufig wächst, ist wohl ausgemacht, denn damals war dieses Land noch unabhängig."

sie mit der Balther Brücke in Verbindung stehen, ist noch nicht ermittelt. Darüber, ob die letztere und die Nebenbrücken gleichzeitig oder nach und nach entstanden, wird wohl nie Gewißheit zu erlangen sein. Unter der Balther Brücke ist die alte Torfdecke noch erkannt. Die Brücke kann also nicht eingesunken sein; man hat berechnet, daß 1800 Jahre darüber verlaufen mußten, bevor die Torf=Bildung über derselben die gegenwärtige Höhe erreichte. (Zu vergleichen Möglinsche Annalen der Landwirthschaft, Theil XIX. S. 509 f.)

Insbesondere wird bemerkt:

Zu 1. der v. W.'schen Einwendungen:

Die im Moore zwischen Terhaar und Balte aufgefundene Brücke ist von derselben Beschaffenheit, wie andere von den Römern in Mooren angelegten Brücken, z. B. die im Moore bei Brocksittard im Königreiche der Niederlande. (Beschouwing van de Vooruitgaug in de Beoefening der Monumente vaderlandsche Oudheidkuude, door Dr. L. J P. Janssen, Arnhem 1851.) Der eben genannte Geschichtsforscher hat die Balther Brücke an einzelnen Stellen aufdecken lassen. Ihrer Beschaffenheit wegen und weil neben und an den Endpunkten derselben viele römische Antiquitäten gefunden sind,\*) spricht er sich für den römischen Ursprung aus. (Drentsche Oudheiden, door etc. Janssen, Utrecht 1848.)

Die S. 137—138 meiner Schrift angeführten Abhandlungen theilen diese Ansicht; noch andere Schriftsteller als M. F. Bisch, J. J. Berghaus, Reichard, Sprengel und Kohlrausch, (Deutsche Geschichte, 14. Auflage, S. 59) stimmen bei. Die Ansichten, daß die Anlage eine alt germanische sei, — dann, daß sie zur Zeit des Klosterbaues von ter Apel im 15ten, oder des Bischofs v. Galen im 17ten Jahrhundert entstanden, sind genügend widerlegt. Es würde zu weit führen, sollten die Beweise darüber hier angeführt werden; genug, daß die Anlegung durch die Römer kaum bezweifelt werden

---

\*) U. a. wurde im Moore, bei Balthe, eine runde Scheibe von Eichenholz, in der Mitte mit einem Loche, worin eine Büchse steckte, gefunden: Janssen hält diese Scheibe für ein Rad von einer römischen Karre; von der Art, die man tympana nannte. — Auch ist anderen Nachrichten zufolge bei Terhaar, 20 Schritte von der Brücke, ein Rad, im Jahre 1849 etwa 150 Schritte von derselben, zwei Fuß tief im Moore, ein Wagen ohne Eisenbeschlag, gefunden. In gleicher Tiefe mit der Brücke nahe bei derselben fand sich auch ein Paar Halbstiefeln (caligæ). M. s. darüber Hannoversche Zeitung 1856, Nr. 306.

kann. Es fragt sich nur, wann sie erfolgte. L. Domitius hatte ein derartiges Werk ausführen lassen. v. W. behauptet, es sei während des von ihm beschriebenen Zuges im Jahre 2 vor Chr. geschehen; Beweise dafür führt er aber nicht an. Domitius stand vom Jahre 6 bis 1 vor Chr. in Germanien als Statthalter. Während der Zeit unternahm derselbe nicht bloß den erwähnten Kriegszug; er hatte auch andere Obliegenheiten. Eine Hauptaufgabe für ihn mußte die Anlegung von Wegen durch unterworfene und befreundete Länder sein, — eben so von Wegen, die nach solchen Ländern führen sollten. Die Kommunikation zwischen dem jetzigen Niederlande und den Gegenden an der mittleren und unteren Ems verhinderte das Burtanger Moor. Ein Weg hindurch konnte nicht entbehrt werden; es ist also nicht nöthig anzunehmen, daß ein Kriegszug die Veranlassung zum Bau desselben gegeben. Domitius war übrigens nicht der erste römische Feldherr, der es unternahm, durch Sümpfe oder Moore vermittelst Brücken einen Weg zu bahnen; es geschah schon von Julius Caesar. (Comment. de B. G. VIII, 14.)

Zu 2. Aus der angeführten Stelle kann nicht gefolgert werden, Cäcina, der allerdings durchs Bruktererland hereingerückt war, habe auch die Weisung erhalten, durch dieses Land zurückzugehen. Als dieser Feldherr auf dem Rückmarsche an die langen Brücken kam, fand er sie in einem veralteten, beschädigten Zustande; er war genöthigt, sie — vor der Benutzung, — herstellen zu lassen. Wenn sein Heer auf demselben Wege herangerückt wäre, der für den Rückmarsch vorgeschrieben war, hätte es damals schon die langen Brücken berühren, die Ausbesserung vornehmen müssen. In den Worten: "obwohl der Rückmarsch auf bekannten Wegen erfolge" liegt nur, daß er, Cäcina, den Weg über die langen Brücken von früher her kenne, keineswegs, daß er ihn erst kurz vorher, auf dem Hinmarsche, kennen gelernt habe.

Pedo, oder vielmehr die Reiterei, nahm nicht, wie v. W. annimmt, denselben Weg, auf den Cäcina zurückgehen sollte. Es heißt wörtlich (Ann. I. 60), ein Theil der Reiterei habe den Befehl erhalten, sich am Gestade des Meeres hin nach dem Rheine zu begeben. Wie Cäcina von Rehde aus in südwestlicher, zog die Reiterei in westlicher oder nordwestlicher Richtung, wahrscheinlich von Rehde zunächst nach der Gegend, worin die Stadt Windschoten liegt; wie jede Karte zeigt, ist der Ausgang aus Westerwolde nach Norden und Nordwesten nicht durch's Moor gesperrt. — Die Reiterei kam dann durch's Land der Friesen, — nicht aber Cäcina; dieser befand sich fast unmittelbar nach dem Ueberschreiten der langen Brücken in der Drenthe und Twente, dem Lande der alten Tubanten.

War das römische Heer bis dahin, wo Germanicus seine Legionen einschiffte, zusammen geblieben, so trennte sich Cäcina erst an der unteren Ems, in der Gegend von Rehde, vom Hauptheere. Der nächste Weg, den er von hier nach Vetera einschlagen konnte, war der über die langen Brücken. Er machte also keinen Umweg (von 30 Meilen!) — er kürzte vielmehr seinen Weg ab. Daß, da das Gesammtheer vor den Cheruskern hatte weichen müssen, Caecina mit seiner Heeres-Abtheilung allein nicht durchs Bruktererland, und durch die Reihen der nachdrängenden Feinde zurückmarschiren konnte, liegt auf der Hand.

Die Behauptung, Hermann habe ebenfalls einen Umweg von 30 Meilen machen müssen, wenn er die Römer bis an die untere Ems und in Westerwolde verfolgte, klingt doch recht sonderbar. Wenn ein Heer das andere verfolgt, kann dann die Rede davon sein, daß das verfolgende Heer einen Umweg mache? Angenommen, Hermann habe das römische Heer bis etwa Meppen oder Lingen, dann die Heeres-Abtheilung unter Cäcina bis in die Gegend von Coesfeld verfolgt, mußte dann sein Heer nicht eine bedeutend größere Strecke zurücklegen, als wenn es dem römischen Heere auf direktem Wege bis zum Einschiffungspunkte bei Rehde nachsetzte?

v. W. hat, soviel ich in seinem Werke finden kann, eine Ansicht darüber, wo Cäcina's Korps vom Hauptheere entlassen worden, welchen Weg es eingeschlagen u. s. w., nicht ausgesprochen; er scheint den angeführten Worten nach der Hypothese Flensberg's beizupflichten. Dieselbe geht dahin, Cäcina habe sich gleich nach der angeblich unentschieden gebliebenen Schlacht in oder bei dem Teutoburger Walde vom Hauptheere getrennt, mit seinen vier Legionen den Weg von den Quellen der Ems über Münster nach der Gegend von Coesfeld genommen, und in dem Kleiboden an der Ostseite dieser Stadt, durch welche Wege mit Faschinen, auch wohl Bohlen zur Unterlage, führten, welche von den Römern die langen Brücken (pontes longi) genannt worden, den Kampf mit den Cheruskern bestanden.

Ein Blick auf die Karte gewährt die Ueberzeugung, daß Cäcina auf dem Marsche von den Quellen der Ems nach Vetera die eben bezeichnete Gegend gar nicht zu berühren brauchte. Sein nächster

Weg führte über Sendenhorst, Lüdinghausen, Haltern; hier war die Militairstraße von Aliso nach dem Niederrhein erreicht. Ein anderer Weg konnte über Warendorf, Münster, weiter an der Nord- oder Südseite von Crefeld her genommen werden. Weshalb sollte dennoch dem Wege durch den Coesfelder Klei den Vorzug gegeben sein? Gesagt wird, die guten Wege seien verlegt gewesen, Cäcina habe deshalb den schwierigen Weg durch den Klei einschlagen müssen. Abgesehen davon, ob Grund vorhanden, dieses anzunehmen, — Cäcina konnte dadurch nicht erst bestimmt werden, ihm war ja schon bei der Trennung vom Gesammtheere die Marschroute vorgeschrieben; in der Richtung, die er danach einzuhalten hatte, kam er nothwendig über die langen Brücken. Wie unwahrscheinlich es ist, daß Germanicus seinem Unterfeldherrn, als dieser noch 18 bis 20 Meilen von Coesfeld entfernt war, eine solche Marschlinie habe vorzeichnen können, braucht kaum hervorgehoben zu werden. — Unerwähnt darf hierbei nicht bleiben, daß die Wege im Klei nur nach anhaltendem Regenwetter von übler Beschaffenheit, bei trocknem Wetter recht gut, mitunter sogar anderen vorzuziehen sind. Darüber, daß das römische Heer während des Feldzuges durch Regengüsse oder überhaupt ungünstiges Wetter in seinen Operationen gehindert worden, findet sich keine Nachricht. Im Gegentheil meldet Tacitus, daß Vitellius, der fast zu derselben Zeit wie Cäcina auf dem Marsche begriffen war, anfangs trocknen Boden gefunden habe. (Ann. I. 70.) Es ist deshalb nicht abzusehen, wie der Kleiboden in den Zustand habe gerathen können, der von Tacitus (Ann. I. 64) mit den Worten geschildert wird: „Und Alles war den Römern gleich ungünstig, der Ort ein grundloser Morast, auf dem man nicht stehen konnte und beim Vorwärtsgehen ausglitt, die Körper mit schweren Panzern bekleidet, im Wasser stehend u. s. w." Ueberhaupt ist fast Alles, was in den Annalen hierüber vorkommt, auf die Coesfelder Kleigegend nicht anwendbar. Nehmen wir folgende Stelle: „Die Deutschen . . . . gestatteten sich auch jetzt keine Ruhe; sie leiteten, was an Gewässern auf den rings ansteigenden Höhen entspringt, in die Niederung, der Boden kam unter Wasser u. s. w." Wo finden sich diese Gewässer in der bezeichneten Gegend? Flensberg führt an, daß darin die Quellen von eilf Flüssen und Bächen angetroffen werden. Das ist richtig; aber die Quellen liegen mindestens 15 bis 20 Minuten von einander entfernt; sie sind, wo sie entspringen, nicht wasserreich; konnte das Wasser, welches sie enthalten, auf einen Punkt geleitet werden? — Nach Flensberg dehnt sich die Kleigegend von Coesfeld westlich von Münster nach dem Rheine hin, 7 bis 8 Stunden weit aus. Läßt sich die Stelle Ann. I. 65: „Bei Anbruch des Tages verließen die auf die Flügel gestellten Legionen (welche bis dahin an der Ostseite des Sumpfes gestanden hatten) ihren Posten und besetzten eilig das Feld jenseits des Sumpfes" auf eine so weite Strecke anwenden? Müssen wir uns nicht den Sumpf in der Art abgegrenzt, wie es Torfmoore sind und von geringerer Ausdehnung denken? Passen verschiedene Worte, welche die Beschaffenheit des Bodens anzeigen, z. B. „cetera limosa" und „locus uligine profunda" auf Kleiboden, der, wie schon bemerkt, nur nach Regenwetter und dann auch nur $1/2$ bis $2/3$ Fuß tief einweicht, sonst aber sehr trocken, oft so fest ist, daß die Pflugscharre nicht hineinbringen kann?

Es kann übrigens sein, daß v. W. nicht Flensberg's, sondern eine andere Ansicht theilt, wonach Cäcina sich nicht an den Quellen der Ems, sondern erst bei Rheine oder Lingen vom Gesammtheere trennte. Mit dieser Annahme steht es aber noch bedenklicher, wie mit der eben besprochenen. Ging Cäcina von einem dieser Punkte ab, so konnte ihm nicht füglich die Weisung ertheilt werden, er solle den Weg durch den Klei von Coesfeld nehmen; — es stand ihm ein ganz bequemer bei jeder Witterung brauchbarer Weg offen, — den über Nienborg, Ahaus, Stadtlohn, Borken, und dieser war der nächste; er hätte unnöthigerweise einen Umweg gemacht, wenn er über Coesfeld zog.

Möchte, was nicht der Fall zu sein scheint, v. W. der Annahme beitreten, wonach die pontes longi in der Gegend südwestlich von Dülmen, 4 Meilen südlich von Coesfeld zu suchen sein sollen, so bedarf es hier nur der Bemerkung, daß diese Annahme noch mehr Zweifel hervorruft, wie die eben besprochene. Weiter unten werden wir darauf zurückkommen.

Diesen letzten Akt des Herbstfeldzuges 15 — den Rückzug über die langen Brücken betr. — ist m. E. nothwendig im Auge zu behalten, daß:

1) Germanicus mit der Flotte nicht weiter, als bis Rehde den Emsfluß hinaufgefahren sein, — Pedo, aus Westfriesland kommend, nur bei diesem Orte, auf keinen Fall weiter südlich, die Ems erreicht haben kann;

2) deshalb und weil Tacitus sagt, zu gleicher Zeit seien das Fuß=
volk (unter Cäcina), die Reiterei und die Flotte an der Ems
zusammen getroffen, — derselbe auch erst dieses Zusammentreffen,
dann die Annahme der Chauken, (an der Ostseite der Ems,
wahrscheinlich nicht über die Südgrenze Ostfrieslands hinaus),
als Mitstreiter meldet, die Unterhandlung mit denselben doch
gewiß in deren Lande, oder doch in dessen unmittelbarer Nähe
geführt ist, — die Vereinigung der drei Korps an der Grenze
Ostfrieslands, wo Rehde liegt, angenommen werden muß, um
so mehr, da sich nur hier die Flotte in Sicherheit befand;

3) da später das Gesammtheer, selbstredend auch der Theil, welcher
unter Cäcina's Befehlen stand, an die Ems, und zwar bis zu
dem Punkt an derselben, wo die Flotte lag, also bis Rehde, oder
doch ungefähr so weit, zurückmarschirt ist; und

4) Cäcina, als er sich von der Hauptarmee trennte, der Weg über
die langen Brücken nur vorgeschrieben sein kann, weil die Um=
stände es unbedingt geboten, mit anderen Worten, weil kein an=
derer Weg angewiesen werden konnte.

Auf diese Sätze stützt sich meine Annahme, welche dahin geht.

Cäcina's Korps zog, wie bemerkt, mit an die Unterems zurück.
Hatte es auch nicht Rhede selbst, sondern nur einen Punkt, ein bis
zwei Meilen mehr südlich, etwa Hebe, erreicht, — welchen Weg sollte
es von dort aus nach dem Niederrhein einschlagen? Den durch's Bruk=
tererland, auf dem es stets von Feinden umgeben war, — von Fein=
den, denen das Gesammtheer nicht hatte widerstehen können? Der
kürzeste Weg war der durch das Burtanger Moor und die von dem=
selben eingeschlossene Landschaft Westerwolde, dieser Weg zugleich der=
jenige, welcher zunächst in ein befreundetes Land führte. In der
Mahnung an Cäcina, er solle so bald wie möglich über die langen
Brücken zu kommen suchen, liegt, daß diese nicht fern sein konnten,
und wenn sie überschritten waren, die, wie Germanicus offenbar an=
erkannte, drohende Gefahr als beseitigt angesehen werden durfte. Die
Entfernung zwischen Rehde und der Brücke im Moor, die bei Ter=
haar beginnt, beträgt nur etwa 3½ Meilen.

Die Lage der Ortschaften an der unteren Ems am linken Ufer
derselben und in Westerwolde ist ungefähr folgende:

**Norden.**
**Westerwolde.**

| | | | | | | | |
|---|---|---|---|---|---|---|---|
| | | | | | | Rehde. | |
| | | | | o Fort-Burtange. | | | |
| | | | | | | Hede. | |
| | Westlicher Theil des Moores. | Dünenartiger Höhenzug. | Sellingen. | o Hasseberg. | Oestlicher Theil des Burtanger Moores. | Wolchum. | Emsfluß. |
| | | | Laude. | | | | |
| Valthe. | | | ter Haar. | | | | |
| | | | ter Apel. | | | Langen. | |

  Wie aus dieser die Gegend nur ungefähr darstellenden Skizze hervorgeht, zeigt sich an der Ostseite von Westerwolde eine Anhöhe, der Hasseberg, und an der Westseite ein dünenartiger Höhenzug. Der Hasseberg hat oben ein bedeutendes Plateau und ist weithin sichtbar. Zwei Bäche, welche leicht anschwellen und austreten, die Muffel- und Rüten-Aa durchfließen Westerwolde und den westlichen Theil des Moores in der Richtung von Süden nach Norden. Westlich von ter Haar beginnt die Holzbrücke, welche quer durchs Moor nach dem etwa 1½ Meile entfernten Orte Valthe in der Provinz Drenthe (Niederland) führt.

  Als das gesammte römische Heer an die untere Ems zurückgekehrt war, Germanicus seine Legionen eingeschifft, ein Theil derselben einen mehr nördlichen Weg durch Westfriesland, die Reiterei einen Weg durch's Burtanger Moor, (auf Fort Burtange, dann nordwestlich) eingeschlagen hatte, marschirte auch Cäcina ab, und zwar, da er wahrscheinlich mehr südlich stand, wie Germanicus und nicht, wie die Deutschen, den Weg durchs Moor nehmen konnte, erst nach Rehde, dann durch den einzigen Paß im östlichen Theile des Moores, den jetzt das Fort Burtange sperrt und weiter südwestlich über Sellingen, Laude bis ter Haar. Hier breitete sich der westliche

6

Theil des Burtanger Moores vor ihm aus, — hier fand er aber auch die Holzbrücke, welche bis an die entgegengesetzte Seite des Moores führt. Diese Holzbrücke im Moore sehe ich, wie schon mehrfach bemerkt worden, als diejenige an, welche in den Annalen die Benennung pontes longi führt. Die Brücke war zerfallen und mußte, bevor die Legionen mit dem Gepäck darüber rücken konnten, reparirt werden. Inzwischen war auch Hermann mit den Cheruskern herangezogen. Tacitus sagt, Hermann sei auf kürzeren Wegen und in Eilmärschen dem mit Gepäck ꝛc. schwer beladenen römischen Heere zuvorgekommen. Daß ihm dieses gelungen, läßt sich erklären. Cäcina's Weg, etwa von Hebe bis Rehbe, weiter über Fort Burtange nach Terhaar beschrieb fast einen Halbkreis. Stand Hermann zur Zeit, als Cäcina den Marsch durch Westerwolde antrat, einige Meilen mehr südlich, konnte er in westlicher Richtung gerade aus durch das Moor dringend, eher in der Gegend von Sellingen und Terhaar sein, wie die Römer. Zwischen Wolchum und Sellingen liegt, wie oben gezeigt worden, im Moore eine Anhöhe, der Hasseberg. Die Entfernung vom Sandboden am linken Ufer der Ems bis zu dieser Anhöhe beträgt nur ⅔ Meile. Durchwadete das cheruskische Heer von Wolchum aus das damals nicht tiefe Moor, so erreichte es bald den Hasseberg, auf dessen Plateau es lagern konnte. Der dünenartige Höhenzug an der Westseite von Westerwolde ist vom Hasseberg kaum ½ Meile entfernt. War derselbe von den Cherusken ebenfalls besetzt, so hatten sie eine für die Römer sehr gefährliche Stellung eingenommen, da diesen kein anderer Weg als zwischen beide Höhen durch frei blieb.

Tacitus schildert die Beschaffenheit der Gegend ꝛc. bei der langen Brücke, Ann. I. 63 f. dahin:

„Diese (die Brücken) einst von L. Domitius aufgedammt, bilden einen schmalen Durchgang zwischen ausgedehnten Morästen; daneben ist Alles Schlamm, zäher anhänger Koth oder bodenloses Gewässer, überall zur Seite gemach ansteigende Waldungen. Diese hatte Hermann damals besetzt, da er auf kürzeren Wegen und in Eilmärschen dem mit Gepäck und Waffen schwer beladenen (römischen) Heere zuvorgekommen war. Cäcina überlegte, wie er die vor Alter schadhaften Brücken wieder herstellen und zugleich den Feind abwehren könne; er beschloß ein Lager zu schlagen, damit ein Theil des Heeres die Arbeit beginnen, ein anderer den Kampf aufnehmen könne.

Die Barbaren (Cherusken) gaben sich Mühe, die aufgestellten Posten zu durchbrechen. . . . Und Alles war den Römern gleich ungünstig; der Ort, ein grundloser Morast, (locus uligine profunda) auf dem man nicht stehen konnte und beim Vorwärtsschreiten ausglitt . . . . . . . im Wasser stehend, zum Schwingen der Wurfspieße nicht im Stande. Die Cherusker dagegen, gewohnt an den Kampf in Sümpfen ꝛc. ꝛc. . . . . Die Deutschen, wegen ihrer Erfolge unermüdlich . . . . . leiteten, was an Gewässern auf den rings ansteigenden Höhen entspringt, in die Niederung; der Boden kam unter Wasser, und da was vom Lager fertig war, überschwemmt wurde, verdoppelte sich die Arbeit des Soldaten ꝛc. ꝛc."

Das Alles trifft auf die Gegend von Sellingen bis ter Haar in Westerwolde zu. Mit den ausgedehnten grundlosen Morästen, auf denen man nicht stehen konnte, ausglitt und einsank, kann nur ein Torfmoor gemeint sein. Darauf läßt sich bekanntlich nicht fest stehen, — man sinkt leicht ein, der Fuß geräth dann in die unteren anklebenden Torfschichten, und fast so tief, wie man einsinkt, befindet man sich im Wasser. Das Ländchen Westerwolde ist von ausgedehnten Torfmooren nach Westen, Süden und Osten eingeschlossen. In Westerwolde gedeihen noch jetzt die gewöhnlichen Holzarten vorzüglich; früher war es, wie vorliegende Nachrichten ergeben, reich an Waldungen; es führt ja auch davon seinen Namen. Sanft ansteigende Höhen finden sich ebenfalls. Die Rüten=Aa fließt dicht an Terhaar, Laude ꝛc. her; wurde sie, was leicht zu bewerkstelligen war, abgedämmt, so konnte sie die angrenzenden Felder in kurzer Zeit unter Wasser setzen. — Die Brücke, welche Cäcina antraf, war schmal; die förmlich gezimmerte Brücke im Burtanger Moor hat nur eine Breite von etwa 12 Fuß. Dr. Janssen, der diese untersuchte, gibt ein Gutachten dahin ab, daß sie stark genug gewesen, nicht allein Fußgänger zu tragen, sondern auch, wenn gleich nicht ganz schwere Transporte, doch solche, welche von Maulthieren, Zugochsen ꝛc. fortbewegt werden. Sie ist von derselben Art, wie eine andere nachweisbar römische. Die ehemalige Vegetationsdecke hat sich noch unter der Brücke erhalten. Daraus geht hervor, daß zur Zeit, wo die Brücke gebraucht wurde, das Moor niedriger wie jetzt die Brücke, war. Diejenigen, welche diese untersuchten, fanden sie gegen 2 Fuß unter der jetzigen Oberfläche; sie selbst hat mit den Unterlagen eine Höhe von etwa 1¼ Fuß. Das Moor war also durchschnittlich ungefähr 3¼ Fuß weniger tief wie heutiges Tages; — das Stattfinden eines Kampfes darin ist also denkbar.

Zum Schluß der Erörterungen den Feldzug im Herbst 15 betr. noch eine Bemerkung.

Daß beim Beginne dieses Feldzuges die Vereinigung der drei Armeekorps unter Germanicus, Pedo und Caecina gleichzeitig erfolgen würde, war schon um deswillen nicht vorauszusehen, weil ein Korps den Weg über's Meer nahm. Es mußte darauf Bedacht genommen werden, daß, wenn ein Theil vor dem anderen an dem verabredeten Sammelplatz eintreffe, derselbe sich in einer gesicherten Stellung halten könne. Auch das Gesammtheer hatte Ursache, seine erste Aufstellung in einer durch die Natur möglichst geschützten Gegend zu nehmen. Von derselben gingen ja nicht bloß seine Operationen aus; es mußte im unglücklichen Falle dahin seine Zuflucht nehmen können. — Die Gegend am linken Ufer der Ems von Rehde an bis etwa 3 Meilen weiter südlich, welche ich als diejenige ansehe, in der die Abtheilungen zusammentrafen, hat nach Westen im Burtanger Moor eine der stärksten natürlichen Schutzwehren, die es gibt, nach Osten eine andere in dem Emsfluß. Nach Norden und Süden liegt sie zwar offen, doch beträgt der offene Raum zwischen dem Moore und der Ems dort nur 1, hier $1/8$ bis $1/4$ Meile. Die Oeffnung nach Norden kam nicht in Erwägung, da von den nach dieser Seite hin wohnenden Friesen nichts zu fürchten war; die nach Süden konnte, da sie nach dem Bruktererlande hin führt, als bedroht gelten, aber wie leicht war sie ihrer geringen Breite wegen zu vertheidigen! Eine geeignetere Gegend zum Sammelplatz, auch zum Lagern für ein Heer, findet sich schwerlich irgendwo, — am Emsfluß weiter hinauf gewiß nicht.

Im Vorhergehenden ist des Kampfes gedacht, der bei den langen Brücken stattfand. Es bleibt darüber aus Tacit. Ann. I. 63 f. noch das Wesentlichste im Zusammenhange nachzutragen.

Cäcina erhielt, als er sich von dem Oberfeldherrn Germanicus trennte, von diesem die Weisung, er solle, obgleich er auf bekannten Wegen zurückgehe, die langen Brücken sobald als möglich überschreiten. Diese, einst (etwa 16 bis 20 Jahre vorher) von L. Domitius angelegt, bildeten einen schmalen Steg zwischen weit ausgedehnten Sümpfen. Der Boden daneben bestand aus Morast mit zähem anklebenden dicken Schlamm, mit unsicheren (nicht sichtbaren) Gewässern (tenacia gravi coeno, aut rivis incerta erant). Herum waren allmälig ansteigende Waldungen, die Hermann besetzt hielt, da er auf Richtwegen im Eilmarsch den mit Gepäck und Waffen schwer beladenen Römern zuvorgekommen war. Cäcina überlegte, wie er die durch Alter schadhaften Brücken herstellen und zugleich den Feind abwehren könne. Er beschloß, auf dem Platze (an der Ostseite des Morastes) ein Lager aufzuschlagen, damit ein Theil des Heeres die Arbeit (die Wiederherstellung der Brücken) ein anderer den Kampf übernehmen könne.

Die Deutschen, bemüht die Posten zu durchbrechen, und sich auf die mit den Arbeiten beschäftigten zu stürzen, neckten, umgingen, machten Angriffe. Durcheinander ertönte das Geschrei der Kämpfenden und der Arbeiter. Den Römern war Alles entgegen: der Boden mit seinem tiefen Schlamme, nicht haltbar genug, um fest zu stehen, zu schlüpfrig, um sicher vorschreiten zu können, die Soldaten in schweren Panzern, im Wasser stehend nicht im Stande, die Wurfgeschosse gehörig zu schwingen. Die Cherusken dagegen, an den Kampf in Sümpfen gewöhnt, hochgewachsene Leute, konnten mit ihren gewaltigen Lanzen aus einiger Entfernung verwunden. Erst die Nacht entzog die schon wankenden Legionen dem Kampfe. Die Deutschen, durch ihr Glück unermüdlich, gönnten sich auch jetzt keine Ruhe; sie leiteten, was an Gewässern auf den Anhöhen herum entspringt, (oritur\*]) in's Thal. Da nun der Boden und was vom Lager fertig war, überfluthet wurde, verdoppelte sich die Arbeit der Soldaten. Es war das vierzigste Jahr, welches Cäcina im Kriegsdienste zubrachte. Er überlegte, was zu thun sei und fand keinen anderen Ausweg, als den, die Feinde in den Wäldern festzuhalten, bis die Verwundeten und der schwer bewegliche Theil des Heeres voraus wären. Zwischen den Höhen und dem Sumpfe dehnte sich eine Ebene aus, die eine Aufstellung des Heeres in schmaler Schlachtordnung zuließ. Von den Legionen wurde die fünfte auf den rechten, die einundzwanzigste auf den linken Flügel gestellt, die erste kam an die Spitze, die zwanzigste bildete die Arriergarde.

Die Nacht war eine unruhige. Die Deutschen erfüllten bei frohem Male mit munteren Gesange oder wildem Lärm die Thäler

---

\*] Oritur ist mit „entspringt" übersetzt. Durch das Wasser, welches Quellen enthalten, können aber Felder nicht überfluthet werden. — Sollte orior hier nicht mit einem anderen Worte wieder gegeben werden müssen, etwa mit „sich zeigen?" Die Stelle wäre dann dahin zu übersetzen: „Was an Gewässern auf den Anhöhen herum sich zeigte." In Perrot d'Ablancourt's Uebersetzung ist gesagt: ... „les ennemis ... font écouler les eaux retenues dans ces montagnes..."

und die wiederhallenden Wälder (saltus*]), bei den Römern schwache
Feuer, unterbrochene Zurufe; sie lagerten ohne Ordnung am Walle
oder irrten um die Zelte, mehr schlaflos (halb im Schlaf) als wach.
Den Anführer schreckte ein unruhiger Traum: er sah den Q. Varus
mit Blut bedeckt aus den Sümpfen aufsteigen und hörte, wie dieser
ihn rief; er folgte ihm aber nicht, wies vielmehr die ihm dargereichte
Hand zurück. Bei Tagesanbruch verließen die beiden auf die Flügel
gestellten Legionen aus Furcht oder Ungehorsam ihre Stellung und
besetzten eilig das Feld an der anderen (West=) Seite des Sumpfes.
Dennoch brach Hermann nicht sogleich los. Als aber das Fuhrwerk
in Schlamm und Gräben stecken blieb, die Soldaten in Verwirrung
geriethen, die Feldzeichen keine Ordnung mehr einhielten, und Jeder,
wie es in solchen Fällen zu gehen pflegt, auf seine Rettung bedacht
war, auf Befehle Niemand mehr hörte, — da ließ er mit dem Rufe:
„Hier Varus und zum zweitenmale besiegt" zum Angriff schreiten.
Er durchbrach mit einer auserlesenen Schaar das römische Heer und
ließ besonders auf die Pferde einhauen. Diese im eigenen Blute und
auf dem Sumpfboden ausglitschend, warfen die Reiter ab, rannten
die Leute vor ihnen um, und zertraten die am Boden Liegenden. Die
größte Noth hatte man mit den Adlern, die man weder gegen die
Wurfgeschosse an tragen, noch in dem schlammigen Boden befestigen
konnte. Cäcina ward, während er die Schlachtordnung aufrecht zu
erhalten suchte, das Pferd unter dem Leibe getödtet; er stürzte und
wäre verloren gewesen, wenn nicht die erste Legion sich dem Feinde
entgegengestellt hätte. — Die Habgier der Feinde brachte Rettung; sie
ließen vom Morden ab, um Beute zu machen. So gelangten die
Legionen gegen Abend auf festen Boden. Doch war da noch nicht
ihrer Mühseligkeiten ein Ende; es mußte ein Wall (ein Lager) auf=
geworfen, Erde herbeigeschafft werden; die Geräthschaften, um Erde
zu graben und Rasen auszustechen, waren aber größtentheils verloren;
es fehlten den Soldaten die Zelte, den Verwundeten der Verband;
sie theilten die durch Schlamm oder Blut verunreinigten Lebensmittel
und wehklagten über unheilvolle Finsterniß und daß so viele tausend
Menschen nur noch einen Tag zu leben hätten.

  Zufällig rannte ein Pferd, das sich losgerissen und scheu ge=
worden war, einige Leute um. Dieß erregte, weil man die Deutschen

---

  *] Echo in der Nähe von Wäldern, auch in ebenen Gegenden nicht selten.
Saltus nennt Tacitus auch die Wälder in Friesland (S. 49 oben). Uebrigens fehlt
es, wie schon bemerkt, in Westerwolde an Anhöhen nicht.

eingedrungen glaubte, solche Bestürzung, daß Alles den Thoren zu=
stürzte. . . . . Als Cäcina sich überzeugt hatte, daß es ein leerer
Schrecken sei, die Soldaten aber nicht zurück halten konnte, warf er
sich vor dem Thore nieder und sperrte so den Weg. Dann ließ er
die Leute im Hauptquartier zusammentreten und stellte ihnen vor, was
unter den obwaltenden Umständen geschehen müsse. Nur die Waffen
könnten retten; aber man müsse sie mit Vorsicht gebrauchen und inner=
halb des Walles (Lagers) bleiben, bis der Feind, in der Hoffnung,
ihn zu erstürmen, heranrücke; dann müsse man von allen Seiten los=
brechen, durch einen solchen Anfall werde man dahin gelangen, den
Rhein zu erreichen. Wenn sie flöhen, so harrten ihrer noch mehrere
Wälder, noch tiefere Moräste u. s. w.

Die Deutschen brachten, durch Hoffnung, Begierde und Mei=
nungsverschiedenheit der Anführer aufgeregt, die Nacht nicht minder
ruhelos hin. Hermann rieth, man solle die Römer aus dem Lager
ziehen lassen und dann auf feuchten und schwierigen Boden über sie
herfallen. Inguiomer (Hermanns Oheim) hingegen, gab den Rath,
man solle das Lager einschließen; die Erstürmung werde leicht, die
Zahl der Gefangenen größer, die Beute bedeutender sein. Dieser Rath
gefiel. Mit Tagesanbruch verschütteten die Deutschen die Gräben und
warfen Reisigbündel hinein; dann erklimmten sie den Wall, auf dessen
Höhe sich nur wenige Soldaten zeigten, die vor Angst bewegungslos
schienen. Indem sie so den Wall erstiegen, wurde den Cohorten das
Zeichen gegeben, und nun fielen diese den Deutschen in den Rücken
mit dem höhnenden Ruf: „Hier werden nicht Wälder und Sümpfe,
sondern auf gleichen Boden partheilose Götter entscheiden." — Die
Deutschen wurden dann zurückgeschlagen und erlitten bedeutende Ver=
luste. Hermann entkam ohne, Inguiomer mit schweren Wunden.

Entscheidend ist, was diese Nachrichten über die Beschaffenheit
des Bodens angeben, worin die langen Brücken lagen. Zwei Legionen
verließen vor dem Beginne des Kampfes am zweiten Tage ihre Stel=
lung an der einen und besetzten das Feld an der anderen Seite; den
zurückgebliebenen Legionen gelang es, nach fast tagelangem Kampfe
das Feld an der entgegengesetzten Seite zu erreichen. Der Boden
hatte also bestimmte Grenzen, wie man sie nur bei Seen, eigentlichen
Sümpfen und Mooren findet. Er wird als zähe, klebrig, dabei grund=
los geschildert und hatte unsichere Gewässer; in diesen standen die
römischen Soldaten so tief, daß sie ihre Waffen nicht recht gebrauchen
konnten. Der untere Theil der Moore besteht aus dem s. g. Pechtorf,

der zäh und anklebend ist; bekanntlich kann man auf dem Moore nicht fest stehen, man sinkt leicht darin ein und geräth dann in Wasser, das die Tiefen mit ausfüllt. Die Beschreibung paßt also, — es kann dies nicht genug wiederholt werden, — ganz auf Torfmoore, nicht auf Klei. Dieser findet sich nie genau abgegrenzt, das Marschiren darin ist bei Regenwetter sehr schwierig, er wird aber nur bis etwa ²/₃ Fuß erreicht, man sinkt also nicht darin ein.

Es ist eingewendet, daß, wenn auch die Beschreibung des Bodens auf ein Torfmoor schließen lasse, es doch noch immer fraglich bleibe, ob gerade das Burtanger Moor gemeint sei, um so mehr, da neben demselben Berge oder Anhöhen fehlten. An folgenden Stellen geschieht der Anhöhen neben dem Moore Erwähnung: **Tacit. Ann. I. 63... circum silvae, paullatim adclives.... 64 .... circum surgentibus jugis....** und **.... medio montium et paludum .... 65 .... subjecta vallium ac resultantis saltus....** Tacitus führt erst an „sanft ansteigende Wälder", später gibt er diesen eine andere Benennung, offenbar nur, um Wiederholungen zu vermeiden. An der ersten Benennung ist also festzuhalten. Wie schon oben bemerkt worden, finden sich solche sanft ansteigende Höhen in Westerwolde neben dem Moore. Im Jahre 1859 habe ich diese Gegend bereist und namentlich den dünenartigen Höhenzug bei Sellingen u. s. w. (S. 81 oben) genau besichtigt. Er stellt gleichsam einen Gebirgszug en miniature dar. Erst kommt man auf eine niedrigere Erhebung, von dieser auf mehrere andere, die immer höher werden. Die höchsten Punkte liegen nur etwa 30 bis 60 Fuß über dem Moore, aber sie gestatten eine Aussicht auf die Gegend umher reichlich eine Meile weit. An der Ostseite von Sellingen liegt überdem der weit sichtbare Hasseberg im Moore. Was Tacitus über die Anhöhen in der Nähe der langen Brücken sagt, kann also auf Westerwolde angewendet werden. Daß dort Bäche vorkommen, welche leicht austreten, ist oben schon bemerkt.

---

Dem v. Wietersheim'schen Werke folgend habe ich über den Feldzug des Germanicus im Frühjahr 16 zu Seite 18 oben noch Folgendes nachzutragen.

Wir finden darüber in Tact. Ann. II. 6 f. folgende Nachrichten:

Germanicus hatte einen Kriegszug gegen die Cherusken beschlossen. Das ganze Heer (8 Legionen und Hülfstruppen) sollte übers Meer nach der Ems befördert werden. Silius und Cäcina wurden mit dem Bau der Schiffe beauftragt. An Tausend glaubte man genug zu haben; ihr Bau wurde beschleunigt.

„Während die Schiffe zusammen gebracht wurden, ließ Germanicus mit leicht gerüsteten Truppen einen Einfall ins Chattenland machen. Er selbst führte auf die Nachricht, daß der feste Platz an der Lippe belagert werde, sechs Legionen dahin. Die Belagerer gaben ihm keine Gelegenheit zum Kampfe, da sie sich auf das Gerücht von seinem Anmarsch zerstreuten. Doch hatten sie den Grabhügel, der er kurz vorher den varianischen Legionen errichtet, und den alten Altar zu Ehren des Drusus zerstört. Germanicus stellte diesen wieder her und hielt mit den Legionen zu Ehren seines Vaters einen Umzug um denselben; den Grabhügel zu erneuern, schien nicht thunlich (oder nicht räthlich: **haud visum**). Das ganze Land zwischen dem Kastell Aliso und dem Rheine ward durch neue Grenzwälle und Dämme gründlich befestigt."

Bisher ist immer angenommen, daß Germanicus auf diesem Zuge Aliso entsetzt habe und, nachdem die angeführten Arbeiten besorgt worden, mit dem gesammten Heere, welches er nach Aliso geführt, nach dem Niederrheine zurückgekehrt sei.

v. W. hatte in einer früheren Schrift: „Der Feldzug des Germanicus an der Weser im Jahre 16 nach Christi Geburt" eine andere Ansicht ausgesprochen, wörtlich des Inhalts:

„Tacitus sagt nirgends ausdrücklich, und die Vernunft verbietet anzunehmen, daß die nach Aliso entsandten Legionen, welche ja nach dessen Lage höchstens 7 bis 10 Meilen von der Weser entfernt waren, 25 bis 30 Meilen bis zum Anfange des Drususkanals zurückmarschirt seien, um mit einem Umwege von mehr als 100 Meilen wieder in die Nähe ihres früheren Standortes zu gelangen. Es scheint indeß, daß, nachdem die Deutschen vor Ankunft des Heeres bei Aliso auseinander gelaufen waren, ein Theil des Römerheeres, wie schon zur Deckung der Befestigungs- und Wegearbeiten längs der Straße erforderlich war, wieder zurückgezogen worden sei, welcher dann wohl dem Feldherrn auf dem Einschiffungsplatze folgte, während ein Corps von so imposanter Stärke, daß es gegen Angriff im offenen Lande, zumal in der Nähe der Festung, gesichert war, zurückblieb und sich erst später der Hauptarmee unfern der Weser wieder anschloß u. s. w."

Dazu hatte ich nun bemerkt: „Die Folgerung hat viel für sich, wird das Kastell so weit östlich, bei Elsen oder Liesborn angenommen; sie würde nicht gemacht sein, hätte der Verfasser sich das Kastell mehr westlich gedacht." In den Auslassungen über meine Schrift sagt v. W. (cfr. S. 452) er wolle die Polemik hierüber bei Seite lassen. Ich finde mich jetzt inzwischen veranlaßt, auf die fragliche Stelle näher einzugehen.

Tacitus übergeht allerdings in der Regel das Unwesentliche, z. B. Truppenbewegungen, wobei sich nichts ereignete. Die erheblichen Ereignisse läßt er aber nicht unerwähnt, auch nicht die Anordnungen, welche Folgen nach sich ziehen konnten, oder den Gang der Begebenheiten in einem anderen Lichte erscheinen lassen würden. Zu solchen müßte die Zurücklassung eines Armeekorps — zwar in der Nähe eines Kastells, aber doch in feindlichem Lande, — gewiß gerechnet werden. Aber ihrer wird mit keinem Worte gedacht. Dennoch soll sie stattgefunden haben. v. W. sagt, die Vernunft verbiete, den Rückmarsch der ganzen Armee, verlange vielmehr, die Zurücklassung eines Theils anzunehmen, weil derselbe nur 7 bis 10 Meilen von der Weser entfernt gestanden. Aber stand denn nicht die ganze Armee dem Flusse so nahe? Galt nicht für das Ganze derselbe Beweggrund, wie für einen Theil? — Noch einige andere Fragen. Wenn ein Theil (etwa die Hälfte, also ein Korps von 3 Legionen) im östlichen Westfalen zurückblieb, wie würde es demselben auf dem Wege nach der Weser, der mitten durch's Cheruskenland (durch die Dörenschlucht, — wenn die nächste Richtung eingeschlagen würde, über Detmold, Lemgo, Blotho, Hausberge u. s. w.) genommen werden mußte, ergangen sein? Germanicus konnte einige Wochen später mit einem mächtigen Heere von 8 Legionen und zahlreichen Hülfstruppen den Cherusken gegenüber nur mit großer Anstrengung das Feld behaupten.— Waren, wenn in Westfalen 3 Legionen zurückblieben, zum Transport der übrigen 1000 Schiffe erforderlich? — Berührte der zurückgelassene Theil auf dem Wege nach der Weser nicht die Senne und die Dörenschlucht, in der v. W. den Ort der Niederlage des Varus findet? Und dennoch sollte die Wiederherstellung des Leichenhügels auf dem Schlachtfelde unausführbar gewesen sein? — Es kann mit Recht gesagt werden, die Vernunft verbiete anzunehmen, daß Aliso so weit vom Rheine entfernt gewesen sein könne, wie Lippstadt oder gar Elsen. Die Feste dem Rheine näher angenommen, wird die Ausführbarkeit des Marsches dahin vor dem Beginne des Kriegszuges, der in dem Jahre unternommen werden sollte, die Rückkehr des gesammten Heeres nach dem Rheine, die Ausführung der bedeutenden Arbeiten u. s. w., ohne alle Zusätze zu den vorliegenden Nachrichten, erklärlich.

Die dem v. W'schen Werke angehängte zweite Karte gibt noch zu folgenden Bemerkungen Veranlassung.

Nach dieser Karte hatten die Römer ihren Weg vom Niederrhein nach dem Osning nicht am rechten, sondern am linken Ufer der Lippe und zwar 1 bis 2 Meilen südlich von diesem Flusse, so daß Land- und Wasserweg nicht in Verbindung stehen konnten. v. W. läßt den Weg eine Strecke oberhalb (an der Südseite) der Lippemündung beginnen, dann die Richtung durch die Gegenden an der Emscher und durch das Emscherbruch, — eine weite, theils sumpfige und bruchige, theils bewaldete Gemeinheit, durch welche bis vor wenigen Jahren noch nie eine Landstraße führte, — weiter durch die Ebene zwischen dem süderländischen Gebirge und der Lippe bis Soest nehmen, dann nordöstlich auf Lippstadt und Liesborn abbiegen, von da sich westlich nach der Dörenschlucht wenden. v. W. sagt in einer oben angeführten Stelle, die Römer hätten, wenn sie in Deutschland Krieg führen wollen, böse Wege nicht scheuen dürfen. Dem kann im Allgemeinen nicht widersprochen werden. Die Römer mußten sich zur Einhaltung schlechter Wege bequemen, wenn sie auf andere Weise ihr Ziel nicht erreichen konnten; daß sie aber die bösesten Wege aufgesucht haben sollten, wenn sich ihnen ganz gute, noch dazu nähere darboten, wird schwerlich Jemand glauben. Wirklich hätten sie das aber gethan, wäre der v. W. bezeichnete Weg von ihnen als Militairstraße angelegt und in Gebrauch genommen worden. Nicht bloß führte er durch das bruchige Tiefland an der Emscher, sondern auch durch die Gegenden von Dortmund, Unna, Soest mit tiefem Marschboden. Bis vor etwa 40 Jahren, als noch keine Chausseen gebaut waren, rechnete man die Wege auf dieser Strecke mit zu den übelsten in Westfalen. Im Spätherbst, Winter und Frühjahr, auch im Sommer nach anhaltendem Regenwetter konnten darauf Wagen nur mit äußerster Mühe fortgebracht werden. Die Steindecke, womit die Chaussee zwischen Werl und Soest zum erstenmale versehen wurde, versank zum Theil in den weichen Boden und mußte erneuert werden. Die Umgegend von Lippstadt ist wieder bruchig und sumpfig.

Wie vorzüglich ist dagegen der von mir angenommene Weg am rechten Ufer der Lippe von Vetera (Xanten) auf Schermbeck, Haltern, Lünen, von hier am linken Ufer bis Hamm, — anerkannt einer der ältesten in Deutschland, zu jeder Jahreszeit brauchbar, überall mit dem Wasserwege (auf der Lippe) in Verbindung. Die Landwehren (Grenzwälle mit zwei Wällen, wovon einer nach Innen, wo er die Hälfte seiner Höhe erreicht, abgeflacht ist und einen gegen 6 Fuß breiten Weg bildet, zwei Gräben an den Außenseiten und einen Graben in der Mitte) neben demselben an der rechten Seite der Lippe vom Rheine bis über Schermbeck hinaus, dann an der linken Seite von Beckinghausen bis in die Nähe von Hamm, und die verschiedenen anderen bedeutenden Werke in seiner Nähe (die Bumannsburg, ein Lager, das mit den Wällen umher einen Raum von 29 Morgen rheinl. einnimmt, 1½ Meilen, — die Hohenburg, 1 Meile westlich von Hamm*) beschrieben in der Zeitschrift des westfälischen Geschichts= vereins, Jahrgang 1861 S. 261 folg. u. s. w.) bekunden auf das unzweideutigste, daß er aus ganz alter Zeit stammt. Weiter verdient der Weg von Hamm nach dem Haarstrang und über das Plateau desselben bis in die Nähe von Paderborn den Vorzug vor dem in der Ebene zwischen dem Haarstrang und der Lippe. (Zu vergl. S. 28 des Werkes über die Römerstraßen vom General v. Müffling.)

---

Die zweite im Eingange angeführte Abhandlung ist überschrieben: „Terrainstudien zu des Varus und Germanicus Feldzügen in Deutsch= land." Sie beginnt mit den Worten:

„Die Literatur über die Römerkriege in Deutschland kurz vor und nach Chr. G., hat einen bedeutenden Umfang und dabei, wie natürlich, einen sehr verschiedenen Werth. In der „Geschichte der Völkerwanderung" von Dr. E. v. Wietersheim, k. s. Staatsminister a. D., sind die an wissenschaftlichem Gehalt bedeutenderen dieser Schriften betrachtet und zusammengefaßt. Die Hauptmängel der Mehrzahl derselben fließen aus einer ungenügenden Kenntniß des Kriegswesens, nicht bloß des römischen, sondern vorzüglich desjenigen Theils der Kriegskunst, der seit dem Auftauchen der Cultur derselbe geblieben ist, heute gilt, wie dazumal, und Napoleon einst zu dem Ausspruche veranlaßte: „Der Krieg ist sich von jeher gleich geblieben!"— Dann aus nicht genügender Beachtung der beiderseitigen nationalen

---

*) Die Hohenburg besteht aus zwei aufgeworfenen Hügeln. Einer 9 bis 15 Fuß hoch hat oben über 90 Schritte, der Andere, 30 bis 40 Fuß hoch, oben über 60 Schritte im Durchmesser. In diesem wurde im Jahre 1861, fünf Fuß unter der Oberfläche eine Grabstätte, 144 ☐Fuß haltend, aufgedeckt. Darin fanden sich eiserne Waffen, Sporen ꝛc., die als unzweifelhaft römisch anerkannt sind.

Elemente, der ausgebildeten politischen Ueberlegung und Consequenz der Römer, des barbarischen, wenig seßhaften Treibens der Germanen, — und endlich aus unvollständiger Kenntniß oder mangelhafter militairischer Würdigung des Terrains. — Es wäre in der That überflüssig, hier die Verdienste aufzuzählen, welche des Eingangs gedachte Werk von seinen Vorgängern in der Darstellung der Römerkriege besitzt; es sei nur erwähnt, daß seine Grundlagen eine in dem Range der ersten Auctoritäten stehende Kenntniß der alten Literatur, ein geübter, weittragender staatsmännischer Blick, eine thatkräftige Forschungslust und eine nicht alltägliche Terrainkenntniß sind, von welcher letzterer wir übrigens, aus nachträglich an Ort und Stelle geschöpfter Ueberzeugung, sagen müssen, daß der geistige Scharfblick in der militairischen Würdigung des Terrains uns oft genug geradezu überrascht hat. — Es ist also, wie wir meinen, mit zweifellosem Rechte, die v. Wietersheim'sche Darstellung den nachfolgenden Ausführungen zu Grunde gelegt worden, so weit solches der hier mehrfach anders aufzufassende Stoff irgend gestattete 2c. 2c."

Es bedarf kaum der Bemerkung, daß der ungenannte Verfasser sich in der Hauptsache die Rechtfertigung der v. W.'schen Hypothesen zur Aufgabe gemacht hat. Was derselbe zu dem Ende vorbringt, braucht nicht nochmals besprochen zu werden. Er trit aber auch mit neuen Ansichten und Einwürfen gegen meine Schrift auf und diese sind hier noch durchzugehen.

Aliso lag nach der Annahme des Verfassers im Quellgebiet der Lippe, also in der Gegend von Lippspringe und Paderborn. Seine Ausführungen sind wörtlich des Inhalts:

„Die Römer hatten überschüssige Zeit gehabt, sich in dem fraglichen Theile Germaniens (die Gegenden an der Lippe, um den Osning bis zur Weser) ein Straßennetz zu schaffen. Zuerst erbaute Drusus, 11 Jahre vor Chr., das Fort Aliso, nachdem er, während des Rückmarsches von der Weser, bei Arbalo gesiegt hatte „wider die Feinde." Die Feinde waren ihm in der Hauptsache die Cherusker, dann wohl die Sigambrer (südlich der Lippe und Ruhr). Die Brukterer, nördlich der Lippe, waren zeitweise verbündet, und durch den vorjährigen Feldzug vorläufig niedergeworfen oder wenigstens beruhigt. Wir haben nun zwei Dinge zu beachten. Die jedenfalls gleichzeitig, wenn nicht schon früher eingerichtete Militairstraße längs der Lippe zog sich im Grenzgebiet der Sigambrer und Brukterer hin, und schob sich als Keil zwischen sie hinein, kamen geradezu ins Herz treffend und dadurch zum äußersten treibend, aber jeden bedrohend und bei Kriegszügen mit ihren befestigten Etappen gegen jeden zweckmäßig basirend. Das ist das Eine und spricht für die Anlage bis in's Quelgebiet. Wenn Aliso wider die Feinde errichtet ward, ein Trutzwerk, so mußte es nahe an ihnen sein, ihnen im Angesichte, künftige Unternehmungen gegen sie in nächster Nähe basirend, ein wahrer Offensivplatz. — Eine solche Anlage ergab sich dem geübten Blicke eines so hochbegabten Feldherrn und Staatsmannes, wie Drusus war, von selbst. Das ist das Andere und spricht dafür, daß die Befestigungen am Kopfe der Straße „Aliso" geheißen. Endlich wird man sich gesicherte Uebergänge über die Lippe vorbereitet haben, bei Hamm u. s. w."

Gehen wir diese Ausführungen durch.

Aliso war die erste Feste der Römer an der Ostseite des Rheines. Bis zur Zeit, wie sie angelegt wurde, im Jahre 11 vor Chr., hatten die Römer weder überschüssige noch überhaupt Zeit gehabt, sich ein Straßennetz zu schaffen. Errichteten sie das erste Kastell bei Paderborn, so war dasselbe wenigstens den nächsten Winter über, ohne alle Verbindung mit dem Rheine.

Der Verfasser legt, v. W. folgend, großes Gewicht darauf, daß Dio Buch 54 Kap. 33 sagt, Drusus habe das Kastell „wider sie" (wider die Feinde) angelegt; diese Feinde sind ihm in der Hauptsache die Cherusken. Gehen wir alle Nachrichten über die Ereignisse bis zum Jahre 11 vor Chr. durch: in keiner wird der Cherusken gedacht, fast in jeder aber der Sigambern. Gegen dieses Volk waren schon die Unternehmungen Julius Caesar's an der rechten Rheinseite vornehmlich gerichtet; dieses Volk machte unter J. Caesar Einfälle in Gallien (Caes. de B. g. VI, 35); es trug um 16 vor Chr. einen Sieg über ein römisches Heer (unter Lollius) davon; die Römer erkannten in ihm den hartnäckigsten Feind unter den Germanen, sie ruhten nicht eher, bis sie durch Uebersiedelung eines Theiles desselben nach den Niederlanden (um 4 vor Chr.) seine Kraft gebrochen hatten. Im Kapitel 32 des eben angezogenen 54. Buchs berichtet Dio, daß (im Jahre 12 vor Chr.) die Sigambern wider die Römer gerüstet hätten und daß Drusus „die Germanen zurückgeschlagen, indem er den Augenblick wahrgenommen, wo sie über den Rhein setzten." — Sigambern werden hier als solche und als Germanen in der Mehrzahl genannt. Im Kapitel 33, dem die Worte: „wider sie" entnommen sind, nennt Dio als Feinde nur die Sigambern. Der Cherusten und eines feindlichen Auftretens derselben geschieht keine Erwähnung, es wird nur gesagt, Drusus sei in ihr Land und bis an die Weser gelangt. Möglich, daß sie, als die Römer abzogen, denselben folgten, und sich den Sigambern anschlossen; daß es wirklich geschehen, ist aber nicht zu erweisen. Unverkennbar waren die Feldzüge in den Jahren 12 und 11 vor Chr., wo nicht ausschließlich, doch in der Hauptsache gegen die Sigambern gerichtet; diese können es daher auch nur sein, worauf die Worte: „wider sie" zielen. — Bei Hamm lag das Kastell dem Centrum des Sigambern- zugleich dem des Bruktererlandes gegenüber; hier diente es recht eigentlich dazu, beide Völker zu bedrohen oder einzuschüchtern. Zu Drusus Plänen gehörte auch der, sich einen Weg ins nördliche Deutschland, dem Lippefluß entlang, zu sichern. Wo hatte er zu dem Ende den Platz für seine erste Feste an dem Flusse zu wählen? Ohne Zweifel in der Mitte desselben, also an der Ahse-Mündung. Hier, durch einen guten Land- und Wasserweg in steter Verbindung mit dem Rheine, den Lippefluß beherrschend, war sie in jeder, namentlich in strategischer Hinsicht, von ganz anderer Bedeutung als auf einem abgelegenen Punkte an den Lippequellen. Ob die Römer, Drusus Plane verfolgend, in den Jahren — von 10 vor bis 9 nach Chr. — noch andere Festen den Lippefluß entlang erbauten, mag hier ununtersucht bleiben; genug, daß ihr erstes Kastell nicht in der Gegend von Paderborn, 24 Meilen vom Rheine entfernt, angenommen werden kann.

In Betreff der sonstigen Gründe gegen die Annahme des Kastells an einem anderen Punkte als bei Hamm muß auf die Ausführungen im Vorhergehenden Bezug genommen werden.

Das Sommerlager des Varus im Jahre 9 nach Chr. nimmt der Verfasser der Terrainstudien bei Rintelen am linken Ufer der Weser an; der Kampf, in dem das römische Heer unter dem Befehle dieses Feldherrn vernichtet wurde, soll noch eine Strecke östlich von Lemgo begonnen, in der Dörenschlucht sein Ende erreicht haben. Die Darstellung der Ereignisse vor der Schlacht und während derselben füllen mehrere Seiten, kann deshalb nicht vollständig übernommen werden. Einzelne Stellen daraus mögen jedoch folgen.

Für die Annahme, daß das Sommerlager bei Rintelen errichtet gewesen, wird Folgendes angeführt:

„Halten wir uns an das Netz der Communicationen (eine Hauptstraße längs der Lippe bis in's Quelgebiet, von dort eine Straße durch die trockene Senne, weiter durch den Dören- oder Bielefelder

Paß nach Rehme, ferner eine Straße oder ein Durchhau vom Quellgebiet der Lippe gegen Hameln oder Höxter), so ergiebt sich vorerst, daß Varus absolut nicht an einer Militairstraße, also weder bei Rehma oder Höxter gelagert haben kann, denn es ist kein Grund abzusehen, der Varus bewogen haben könnte, nicht wenigstens alle Impedimente auf der Militairstraße zurückzusenden, während er selbst in's pfadlose Waldgebirge eindrang. Aus der gleichen Rücksicht kann aber auch die Richtung seines Marsches nicht eine nördlich des Parallels von Rehma gewesen sein. Hiermit wird es nothwendig, das Sommerlager oberhalb Rehma und unterhalb Höxter zu suchen und da es römischer Kriegsgebrauch war, die Lager in freies Terrain zu disponiren, so würde es unhistorisch sein, es in einem Waldgebirge suchen zu wollen. Das Terrain in seinen großen, sich gleich bleibenden Zügen bietet aber auf der ganzen mittleren Strecke nur eine Thalerweiterung, die bei Rinteln. Dort findet sich der Raum für das Lager u. s. w."

Nachdem der Verfasser dann die Nachrichten im Dio Buch 56 Kap. 18—22 dem wesentlichen Inhalte nach angeführt, sagt er:

„Für die Terrainerforschung sind folgende Data von Wichtigkeit. Der Aufbruch aus dem Sommerlager, — das Nichterwähnen einer Zeit ruhiger Märsche, also die Beschränkung, die der willkührlichen Annahme solcher aufgelegt ist, und nur gestattet, zu supponiren, was bringende militairische Nothwendigkeit erfordert, — das schwierige Gebirgs- und Wald-Terrain des ersten Gefechtstages, das offene Land am zweiten mit erneuerten Schwierigkeiten am Schlusse, das Nichterwähnen von Terrainhindernissen für den dritten Tag und endlich die Nähe von Aliso am Vernichtungsfelde. Haben wir aber die beiden Endpunkte, das Sommerlager und Aliso nach historischer und militairischer Wahrscheinlichkeit so bestimmt ermittelt, als dies dermalen überhaupt möglich sein dürfte, so bleibt uns nur übrig, in den gegebenen Raum zwischen Rinteln und Paderborn die drei Gefechtstage einzufügen. Hierbei dürfen wir zwar dem Varus Unvorsichtigkeiten und Leichtsinn zutrauen, aber wir sind nicht berechtigt, ihm militairische Widersinnigkeiten nachzusagen."

„Es ist geradezu undenkbar, daß Varus in eine Gegend habe vorgehen wollen, welche auf einer Militairstraße, wenn auch mit einigen Umwegen, zu erreichen stand. Ein römischer Feldherr wäre gewiß auf der Straße geblieben. . . . . Eben so undenkbar erscheint es uns aber auch, daß ein römischer Feldherr mit zahlreichen Wagen und Saumthieren sich freiwillig in ein völlig pfadloses Waldgebirge vertieft haben solle. Seine Richtung muß also anfänglich einer Art von Weg, Durchhau, gefolgt sein; derselbe muß die Möglichkeit geboten haben, später das Gepäck in eine westliche Richtung zu bringen, um die Militairstraße zu erreichen. Das Heer hat man gewiß in die schwierigste der überhaupt möglichen Richtungen gelockt, also etwa gegen Pyrmont. Die Aenderung der Marschrichtung am ersten Gefechtstage, nachdem der Verrath offenkundig, mag entweder erzwungen gewesen sein, von Durchhau weg in völlig pfadlose Wildniß, oder freiwillig, man hat in Geringachtung der Terrainschwierigkeiten die nächste Linie zur Militairstraße der für das Gepäck beabsichtigten besseren vorgezogen. Unserer Ansicht nach lassen sich Richtung und Anordnung des Marsches nur zusammenstimmen, wenn man eine ganz oder nahebei südliche Richtung annimmt; man befand sich auf einer Transversale zu einer anderen westlich gehenden Straße, wurde aber von derselben abgedrängt."

„Es ist aber noch die weitere Annahme eines Marschtages, eines Vorbereitungstages nothwendig, um die Ereignisse in einem natürlichen Fluß zu bringen. Wenn Varus zeitig am ersten Marschtage Verrath bemerkte, warum kehrte er nicht sofort auf die Militairstraße, d. h. auf seine marschirbare Verbindung aus dem Sommerlager nach Rehma zurück? Ein heutiges Armeekorps von ca. 25,000 Mann mit den Trains und Parks erster und zweiter Linie, nimmt in gewöhnlicher Marschordnung auf guten Wegen etwa 5 Stunden Länge ein, wovon etwa auf die Intervallen $^3/_4$ Stunde, auf die Truppen $2^1/_4$, auf das Fuhrwesen 2 Stunden zu rechnen sind. Die römische Armee war schwächer, hatte aber einen viel stärkeren Troß, und was an Wagen abgehen mochte, wuchs gewiß an Packthieren reichlich wieder zu. Rechnen wir die Abmarschzeit früh 6 Uhr, so würde es einer großen Ordnung bedurft haben, um die letzte Abtheilung gegen 12 Uhr in Bewegung zu setzen." Es wird nun ausgeführt, daß das römische Heer am ersten Tage nach dem Ausbruche aus dem Sommerlager unangefochten geblieben, und eine gewisse Strecke zurückgelegt sei. Am zweiten Tage habe der Kampf begonnen und die Aufschlagung des ersten Lagers stattgefunden und zwar in der Gegend von Lemgo. „Am zweiten Tage" heißt es weiter: „erreichte das römische Heer bald eine offenere Gegend; es ward zwar mehrfach angegriffen, aber die gute Marschordnung bewahrte vor Verlusten. Die Ebene, wahrscheinlich das flachwellige Land zwischen der Bega und Werra, Lemgo und

Lage, ward durchschritten, jenseits stieß man aber wieder auf Wald und auf die Hauptmacht der Germanen. Das Gefecht, in vielen einzelnen Theilen gewiß verhängnißvoll, namentlich wegen der Unmöglichkeit voller Entwickelung zum Gefecht, muß doch im Ganzen zu dem beabsichtigten Zwecke geführt haben, denn man konnte wieder an das Lagerschlagen denken, was einen Zustand der Ruhe voraussetzt und man mußte vorwärts gekommen sein, weil nicht erwähnt ist, daß das Lager im Walde geschlagen worden, wie das erste Lager, und weil man am nächsten Tage Aliso mit Bequemlichkeit erreicht. Meine Ansicht geht dahin, daß der Zweck des Gefechtes römischerseits das Erreichen und germanischerseits das Verlegen der großen Militairstraße war, ein Zweck, der des Kampfes wohl werth war. Wenn aber auch die Römer, wie ich meine, am Abende die Militairstraße erreichten, so waren sie doch durch die üble Führung, die harten Verluste, das Unwetter und die bei jeden Durchschlagen unvermeidliche Verwirrung, wahrscheinlich noch durch Hunger und Ermattung, so demoralisirt, daß auch germanischerseits viel erreicht worden sein mag. Das Lager ist unvollkommen, sowohl in seinen Dimensionen, als in seiner Arbeit gefunden worden; es mag eben nicht mehr zu leisten gewesen sein. Für den dritten Gefechtstag ist entscheidend, daß keiner Marschhindernisse erwähnt wird. Da aber annähernd gewiß ist, daß in diesen Gefechtstag der Uebergang über den Osning fällt, so sind wir für die Marschrichtung auf die Dörenschlucht und auf den Bielefelder Paß angewiesen, als in welchen allein der Gebirgszug ohne Marschhindernisse überschritten werden kann. Der letztere Paß ist aber zu weit von der Lemgoer Gegend und es bleibt nur die Dörenschlucht. Die Entwickelung des Gefechtes ist an sich oder faktisch genommen, äußerst einfach. Die Germanen haben die 3 bis 400 Schritte breite Sohle des Thales, die nach Art der Militairstraßen abgeholzt gewesen sein wird, verhauen, haben dieses Hinderniß, sowie die beiden flachen Thalhänge besetzt, die Römer dagegen versuchten mittelst eines entschlossenen Angriffs durchzubringen. Der weitere Gang des Gefechtes ergiebt sich aus der Natur der Flankenangriffe; die Spitze bringt allmählig vor, bleibt aber ohne Unterstützung, weil der Haupttheil durch die Seitenanfälle aufgehalten, von ihr und in sich getrennt ist. Die Spitze entgeht dabei der Vernichtung leichter, als das Hauptkorps. Die Ankunft eines Theils der Reiterei und vieler Flüchtigen in Aliso noch am Tage der Vernichtungsschlacht beweiset, daß die Spitze wirklich durchgedrungen, daß der Wahlplatz kaum weiter als die Dörenschlucht von Aliso gelegen haben kann, daß aber auch, wenn der Kampf im heutigen Osning stattgefunden, Aliso nur bei Paderborn gesucht werden darf."

Zunächst ist darauf aufmerksam zu machen, daß Dio im Bericht über die Schlacht wörtlich sagt: „Es empörten sich zuerst einige von denen (von den Deutschen), welche weiter ab wohnten, der Verabredung gemäß, damit Varus, wenn er gegen sie zöge, auf dem Marsche, zumal er in Freundesland zu sein glaubte, leichter beizukommen wäre, und er nicht etwa, wenn alle zugleich plötzlich den Krieg erklärten, sich durch Vorsicht sichere. So geschah es. Als er (Varus) aufbrach, ließen sie (die Deutschen) ihn vorausziehen, sie blieben zurück, angeblich um Bundesgenossen zu werben, und sobann binnen kurzem zu ihm zu stoßen. Nachdem sie die Hülfsmacht, welche schon an einem Platze bereit stand, herangezogen und die bei ihnen befindlichen Soldaten getödtet hatten, rückten sie auf ihn an, als er schon mitten in Waldungen steckte, aus denen kein Ausweg zu finden ist."

Die Deutschen blieben also zurück, als Varus aufbrach, — sie tödteten die zurückgebliebenen römischen Soldaten und dies konnte erst geschehen, nachdem die Nachhut der Römer schon eine Strecke weit entfernt war, — sie zogen ein Heer heran, das nicht nahe bei aufgestellt sein durfte, — sie hatten die Vorbereitungen zur Schlacht zu treffen, ihre Schaaren nach den verschiedenen Seiten aufzustellen, und das ließ sich, war auch Alles auf's Beste verabredet, nicht sobald ausführen: genug, es ging eine gewisse Zeit darüber hin, bevor die Deutschen im Stande waren, den ersten Schritt zur Ausführung ihres Planes zu thun. Seite 22 oben ist schon bemerkt, daß, wenn Varus während dem auch (das Geringste angenommen) nur einen Vorsprung von 4, 5 Meilen gewonnen hatte, das Wiedereinholen nicht leicht war. Die Deutschen mußten dann täglich 2 Stunden mehr zurücklegen, wie die Römer, wollten sie deren Nachhut in 3 Tagen erreichen; wollten sie aber den Feind nicht bloß im Rücken, sondern auch an der Spitze und in den Flanken angreifen, bedurfte es längerer Zeit oder angestrengterer Märsche.

In der Abhandlung, welche wir besprechen, wird, wie schon angeführt worden, das Lager, welches Varus bald nach dem Beginne der Schlacht aufschlagen ließ, in der Gegend von Lemgo angenommen. Diese Stadt ist von Rinteln 3 Meilen entfernt. Schon vor der Errichtung des Lagers wurde gekämpft, die Schlacht hätte also begonnen, als Varus etwa 2 bis 2⁴/₂ Meilen vom Sommerlager entfernt war. Wenn sich Hermann im Stande sah, es mit dem Feinde sobald aufzunehmen, mußte sein Heer, zur Zeit als Varus aufbrach, in nicht bedeutender Entfernung von seinem Lager bereit stehen. Nehmen wir die Entfernung zu 4 Meilen an, — größer darf sie nicht geschätzt werden, sonst würde ja der Beginn des Kampfes schon am zweiten Tage nicht möglich gewesen sein, — und Varus sollte von der Zusammenziehung des Heeres keine Kunde erhalten haben? Unzweifelhaft ist ihm nichts davon bekannt geworden; er traf ja nicht die geringsten Vorsichtsmaßregeln, traute vielmehr dem Versprechen der Deutschen, noch erst Bundesgenossen werben und ihm dann folgen zu wollen. — Muß aber der Sammelplatz für das deutsche Heer in viel weiterer Entfernung vom Sommerlager angenommen werden, so ist es klar, daß die Schlacht nicht schon am zweiten Tage nach dem Aufbruche des römischen Heeres beginnen konnte. Abgesehen hiervon hatten die Deutschen auch gar keine Veranlassung, mit dem Angriff so sehr zu eilen. Ihr Vorhaben war, den Kampf mit den Römern in einem für diese möglichst ungünstigen Terrain aufzunehmen. Bis dahin, wo sich ein solches fand, (ein geeigneteres für ihre Zwecke, wie das im Kreise Beckum war weit und breit nicht anzutreffen) mußte das römische Heer seinen Marsch ungehindert fortsetzen können. — Der Verfasser der Terrainstudien hat offenbar nicht genügend erwogen, welche Vorkehrungen eine große Schlacht erfordert, daß sie auch bei den an strenge Disciplin gewiß nicht gewöhnten Deutschen unumgänglich nöthig waren und daß Hermann, der sich bis zum Abzuge der Römer aus dem Sommerlager wahrscheinlich in Varus Umgebung befand, solche erst treffen durfte, als er von diesem entlassen war. Inzwischen wollen wir die Gründe, welche der Verfasser für seine Annahme vorbringt, durchgehen.

a) Es wird hervorgehoben, daß Dio einer Zeit ruhiger Märsche (des römischen Heeres nach dem Abzuge aus dem Sommerlager) nicht erwähne. — Berichtet denn Dio in anderen Fällen über Märsche, welche ohne alle Störung ausgeführt wurden? Der Verfasser gibt die Nothwendigkeit der Annahme eines ruhigen Marschtages zu. Müßte nicht Dio, wenn er überhaupt die ruhigen Marschtage anführte, dieses Tages gedenken? — Wenn ausnahmsweise einer, können auch mehrere ruhige Marschtage angenommen werden.

b) Das s. g. erste Lager des Varus (das am ersten Schlachttage errichtete) wird bei Lemgo angenommen. Vor dem Beginne der

Feindseligkeiten marschirte das römische Heer durch ein Waldgebirge, das Tacitus Ann. I. 61, als ein feuchtes Sumpfland mit trügerischen (keinen sicheren Schritt gestattenden) Feldern schildert. Trifft diese Schilderung auf die Gegend zwischen Rinteln und Lemgo zu? Berge und Anhöhen fehlen darin nicht; die Beschaffenheit des Bodens ist aber hauptsächlich in Betracht zu ziehen. In den Gegenden an der Südseite der mittleren Weser herrscht der Keuper vor. Derselbe füllt den größeren Theil des Fürstenthums Lippe, die Strecke zwischen der Weser und Detmold fast ganz aus; bei Lemgo findet sich, jedoch nur in geringer Ausdehnung, Diluvialsand. Der Keuper (grauer Sandstein) besteht aus Quarzkörnern, welche durch ein thoniges, seltener kieselhaltiges Bindemittel mit einander verbunden sind. Zersetzt bildet er Quarzsand und einen bald mehr bald weniger thonigen Sandboden, der zu jeder Zeit wegsam ist und der eben angeführten Schilderung durchaus nicht entspricht.

c) Eine auffallende Annahme ist die, Varus sei gleich, nachdem er das Sommerlager verlassen, in ein wegeloses Waldgebirge gezogen. Das Waldgebirge konnte nur im Lande der Cherusken liegen; diese besaßen das volle Vertrauen des römischen Feldherrn, und das Volk, welches derselbe bekriegen wollte, weil es sich gegen Rom erhoben, wohnte nach Dio weiter ab, jedenfalls außerhalb der Grenzen des Cheruskenlandes. Was hinderte denn mitten in diesem Lande die Militairstraße zu benutzen? — Der Verfasser der Terrainstudien sagt, es sei undenkbar, daß Varus in eine Gegend habe vorrücken wollen, die auf der Militairstraße zu erreichen war. Das Land, worauf es Varus abgesehen hatte, konnte der Richtung nach, welche er einschlug, nur an der Südost-, Süd- oder Südwestseite von Cheruskien liegen; wo es auch angenommen wird, immer mußte, bevor dasselbe erreicht wurde, eine der Schluchten im Osning durchzogen werden und bis dahin führte eine der Militairstraßen. — Ist denn ein Grund denkbar, der Varus, den Vellejus einen körperlich und geistig wenig beweglichen schläfrigen Mann nennt, zur Auswahl eines Weges so schlecht und unbequem als möglich, habe bestimmen können, — in einem Lande, deren Bewohnern er sein volles Vertrauen schenkte, worin ihm andere gebahnte Wege zu Gebote standen?

d) Es wird auch darauf Gewicht gelegt, daß Dio von Terrainhindernissen am dritten Tage nichts wisse. Angenommen, die betreffende Stelle sei so zu verstehen, daß die Schlacht bis zum Morgen des dritten Tages gewährt habe, — geht dann nicht aus derselben auch hervor, daß an diesem Tage das römische Heer fast gar nicht von der Stelle gekommen? Wörtlich heißt es: „Kaum hatten sie (die Römer) sich auf den Weg gemacht, als heftiger Wind und starker Regen einbrach, der ihnen weder vorzurücken, noch festen Fuß zu fassen verstattete." Die Römer blieben also fast genau auf demselben Terrain, auf dem sie den Abend vorher sich befunden und dieses wird mit den Worten geschildert: „Als sie aber von dort (von dem lichten Felde) aufgebrochen, wiederum in Waldungen geriethen, wehrten sie sich zwar..... Denn, indem sie sich auf einen engen Raum zusammendrängten, damit Fußvolk und Reiterei zugleich mit voller Macht sich auf den Feind werfen könne, hatten sie unter sich, einer von dem anderen, und Alle von den Bäumen viel zu leiden." Dann folgt die bereits aufgenommene Stelle: „Kaum hatten sie sich mit Tagesanbruch auf den Weg gemacht, als heftiger Regen u. s. w. hereinbrach, der ihnen weder vorzurücken verstattete ꝛc." Das römische Heer, oder ein Theil desselben, die Spitze, kann hiernach auch am britten Tage nur in Waldungen gesteckt haben. - Später nimmt der Verfasser in der Dörenschlucht, wo die Schlacht beendet sein soll, Verhaue an; bildeten diese denn nicht auch Hindernisse? Würde Dio derselben nicht gedacht haben?

e) Gegen die Annahme, am zweiten Gefechtstage habe die Errichtung noch eines Lagers stattgefunden, müssen Zweifel erhoben werden. Wann soll es aufgeschlagen sein? Als die Römer sich in der waldfreien Gegend befanden? Es scheint wirklich, daß sie sich hier gesetzt haben, denn Dio sagt: „Als sie von dort aufbrachen." Zu der Zeit, wo sie sich auf dem waldfreien Felde hielten, war es aber noch heller Tag; die Römer legten keine eigentliche Lager an, wenn sie Tags über irgendwo einige Stunden standen; der halb zerstörte Wall, den Germanicus antraf, wahrscheinlich zur Deckung nach der einen oder anderen Seite, oder nach mehreren Seiten, aufgeworfen, mag während dieser Zeit entstanden sein. — Das Aufschlagen eines Lagers am Abende dieses Tages scheint aber nicht glaublich. Die Römer befanden sich damals ja in Waldungen (m. s. die Anführungen unter d) und in einer so verzweifelten Lage, daß an Lageraufschlagen nicht zu denken war. Dio gedenkt desselben auch mit keinem Worte.

f) Eine auffallende Annahme ist auch die, das römische Heer habe am Abende des zweiten Tages die Militairstraße erreicht. Dieser wichtige Umstand sollte von Dio verschwiegen sein? Erinnern wir uns der unter d angeführten Stellen, wonach die Römer gegen das Ende des ersten Tages wieder in Waldungen gerathen waren, worin sie, einer von dem andern und von den Bäumen viel zu leiden hatten. Wenn das Feld, auf dem der Vernichtungskampf stattfand, an der Militairstraße lag, weshalb bedurfte es dann, als Germanicus sechs Jahre später dieses Feld aufsuchte, so großer Vorkehrungen, um den Marsch des Heeres dahin möglich zu machen?

g) Der Wahlplatz, auf dem die Vernichtungsschlacht stattgefunden, wird in der Dörenschlucht angenommen. Was über die Beschaffenheit des Bodens in diesem Passe Seite 23 oben gesagt ist, braucht hier nicht wiederholt zu werden. Die Alten geben eine ganz andere Beschreibung von dem Orte der Niederlage. Vellejus 2—119: „Von Wäldern, Sümpfen, Hinterhalten umschlossen, wurden sie hingeschlachtet ꝛc. ꝛc." Florus 4, 12: „Nichts blutigeres gab es je, als das Schlachten dort in den Sümpfen und Wäldern." Die Schilderung, welche Tacit. Ann. I, 61, enthalten, ist unter b vorhergehend schon angeführt. In der trockenen Dörenschlucht, in der daran stoßenden noch dürreren Senne, wo sie keine Terrainhindernisse fanden, nur wenige Meilen von Aliso entfernt, (dieses im Quellgebiet der Lippe angenommen) sollten Varus und sein Heer nicht noch einen letzten Rettungsversuch gewagt, — im Gegentheil sich selbst den Tod gegeben, oder ihn ohne Widerstand von Feindes Hand empfangen haben?

h) Was von einer Aenderung der Marschrichtung am ersten Tage gesagt wird, ferner von Geringschätzung der Terrainschwierigkeiten, die, nachdem der Verrath (das feindliche Auftreten der Deutschen) offenkundig geworden, zur Einhaltung einer näheren Richtung veranlaßt habe, könnte, da es lediglich auf Vermuthungen beruht, hier übergangen werden. Aber doch eine Frage. Das römische Heer hatte den Sommer über in dem Lager an der Weser gestanden. Sollte nicht Varus, seinen Offizieren und Soldaten, abgesehen davon, was ihre Pflicht erforderte, schon dadurch, daß sie ihren Vergnügungen nachgingen, die Gegend am linken Ufer des Flusses in einem Halbkreise von 3—4 Meilen genau bekannt geworden sein? Gewiß darf das als unzweifelhaft angenommen werden. — War nun Varus auch so überaus thöricht, sich vom Lager aus mit dem Heere und dessen bedeutenden Gefolge von Weibern, Kindern, Dienern, Wagen, Packthieren ꝛc. in ein ihm bekanntes schwieriges, wegeloses Terrain zu begeben, mußte er dann, nach dem Ausbruche des Kampfes nicht wissen, wie am leichtesten hinauszukommen sei? — Die Militairstraße von Rehme nach der Dörenschlucht führte in geradester Linie über Vlotho, Lemgo, Detmold, in mehr gebogener Linie über Herford, Uffeln, Detmold; sie war im ersten Falle dem nach dem Beginne des Kampfes angeblich bei Lemgo errichteten Lager ganz nahe, im zweiten höchstens eine Meile davon entfernt; das Durchschlagen nach derselben konnte also für das bis dahin noch ungeschwächte Heer keine große Schwierigkeiten haben. Und dennoch sollte es unterblieben sein? — Ganz anders stellt sich die Sache heraus, wenn man sich Varus, als er angegriffen wurde, in einer ihm fremden Gegend denkt. — Wird doch auch der Untergang des römischen Heeres von Strabo (Geographie 1, 1) mit dem Umstande zugeschrieben, daß es seinem Führer an Ortskenntniß gefehlt habe.

i) Die Behauptung, Aliso sei am dritten Tage von der Spitze des römischen Heeres mit Bequemlichkeit erreicht, findet weder in einer Quellenschrift Unterstützung, noch hat sie die Wahrscheinlichkeit für sich. Wenn hinzugesetzt ist, ein Theil der Reiterei sei nach Aliso gelangt, so beruht das wohl nur auf einem Irrthum. Der Theil der Reiterei, welcher vom Schlachtfelde entkam, eilte fliehend dem Rheine zu. (Vellejus 2, 119.)

Ueberblicken wir nun noch einmal die Hypothese des Verfassers der Terrainstudien.

Varus hatte sein Sommerlager an der Weser bei Rinteln. Ihm standen zwei gebahnte Wege nach der Dörenschlucht und den Lippequellen offen; jener führte über Rehme, dieser über Hameln; er wählte aber, als er das Lager verließ, keinen von beiden; er zog vielmehr in ungefähr südlicher Richtung durch eine wegelose waldige Gebirgsgegend. Der Ausmarsch des ganzen Heeres aus dem Lager erforderte 6 Stunden\*); es wurde aber am ersten Marschtage nur eine Gegend etwa ½ Meile nördlich oder nordöstlich von Lemgo erreicht. Als das Heer am folgenden Tage weiter zog, wurde es von den Deutschen angegriffen. Varus ließ nun gleich ein Lager aufschlagen und zwar bei Lemgo. Von dort, am dritten Tage nach dem Aufbruch aus dem Lager, ein Marsch unter fortwährendem Kampfe über Lage bis etwa Detmold; am Abend ist die Militairstraße erreicht, — es wird ein Lager geschlagen. Am vierten Tage Marsch durch die Dörenschlucht,

---

\*) Aehnliches ist im zweiten Nachtrage zu meiner ersten Schrift S. 18 angenommen.

— darin endlich die totale Niederlage und Vernichtung. — Also der ganze Verlauf: Ausrücken aus dem Sommerlager, Hinmetzelung der an einzelnen Orten zurückgebliebenen römischen Soldaten, Heranmarsch der deutschen Heeresschaaren und eine dreitägige Schlacht in der Zeit von vier Tagen, auf einem Raume, der in der Richtung von Osten nach Westen, welche das römische Heer einhielt, eine Ausdehnung von etwa sechs Meilen hat.

Vergleichen wir damit meine Annahme Seiten 24, 25 oben. Danach hatte das römische Heer, bevor es angegriffen wurde, gegen 13 Meilen zurückgelegt. Darüber mochten 4 Tage hingegangen sein; während der Zeit konnten die Deutschen die nöthigen Vorbereitungen treffen. Der erste Angriff erfolgte am vierten Marschtage; die Schlacht endete am Abend des fünften oder am Morgen des sechsten Tages. Die Gegend, in welcher ich das Schlachtfeld finde, ist, wie oben S. 2 bemerkt worden, so beschaffen, wie diejenige, welche Dio Cassius B. 56, S. 20 schildert; — nur in einer solchen Gegend war die Vernichtung eines stattlichen Heeres möglich*). Die Felder am östlichen Saume eines bedeutenden Waldes, welche als die Grenze des Schlachtfeldes nach Westen hin anzunehmen sind, liegen von Aliso (bei Hamm) in gerader Linie nur 3½ Stunde entfernt. Die Flucht einzelner römischer Soldaten vom Schlachtfelde durch den dichten Wald nach der Feste war, wenn auch schwierig, doch möglich.

Der Verfasser der Terrainstudien geht auf die Gründe für diese Annahme nicht ein. Er sagt: „E. stützt seine ganze Entwickelung (in Betreff der Lage des Schlachtfeldes u. s. w.) auf den Angelpunkt einer alten Verschanzung, — desjenigen varianischen Marschlagers angeblich, welches zwischen dem ersten und zweiten Gefechtstage erbaut worden, „„die Arbeit dreier Legionen hat erkennen lassen.““ (Tacitus) u. s. w." — Meine ganze Entwickelung soll sich auf das Lager (in Havixbrock) gründen? — Es sind zwei Schriften von mir über diesen Gegenstand erschienen, bevor ich das Lager kennen gelernt hatte; erst im zweiten Nachtrage zur ersten Abhandlung ist darauf mit hingewiesen. Meine Annahme stützt sich hauptsächlich auf die oben Seite 2 angegebenen Gründe.

Die Terrainstudien enthalten folgende Beschreibung des Waldes Havixbrock und des Lagers darin:

---

*) Der Sage, daß in der Gegend eine Schlacht vorgefallen (Zeitschrift des westfälischen Geschichtsvereins, Jahrgang 1859, S. 282) mag hier nebenbei gedacht werden.

„Oestlich des Beckum=Soester Communicationsweges, von Beckum aus auf der zweiten Höhe beginnt auf einer, gegen Südosten mit 1 bis 2 Grad fallenden, ziemlich ausgedehnten Fläche, ein Laubholz=wald. Der Boden ist, wegen des undurchlässigen Untergrundes weich. Südöstlich im Walde fortrückend, trifft man nach ca. $^1/_4$ Stunde einige Wasserrinnen, steilwändig 4—5 Fuß tief in den Klei einge=rissen. Etwa 50 Schritt jenseits stößt man in einem prachtvollen freien Hochwalde, der fast Urwaldcharakter trägt, auf den ersten Wall. Derselbe lehnt sich in Gestalt eines Fünfecks mit abgeflachten Ecken an einen flachen Hang, der vollkommen gut ersteiglich ist und keiner=lei Art von Schutz bietet, nichts desto weniger aber offen geblieben ist, und als fünfte oder Kehlseite betrachtet werden mag. Die übrigen 4 Seiten haben eine Entwickelung von 1250 Schritt oder pp. 3000 Fuß. Der vorliegende Graben hat dermalen eine obere Breite von 25 Fuß und eine Tiefe von 3 Fuß. Es ist gar kein Zweifel, daß die Tiefe früher beträchtlicher war, dagegen zeigt sich keine Spur von früherer größerer Breite. Der anstoßende Wall hat auf der Horizont=linie eine Breite von 25 und eine durchschnittliche Höhe von 8 Fuß, so daß man das Grabenprofil auf etwa 60, das Brustwehrprofil auf etwa 150 Quadratfuß ansetzen darf. Vermindert man auch an Er=sterem die Differenz, indem man das Grabenprofil auf ursprünglich 100 oder 120 Quadratfuß ansetzt, so muß man doch auch die Ab=flachung des Brustwehrprofiles beachten und es bleibt sonach ein Ver=hältniß übrig, bei welchem zum Baue des Walles der Graben weit=aus nicht die nöthige Erde geliefert hat.

Im Innern dieses Werkes liegt aber noch ein zweites, ebenfalls fünfseitiges, geschlossen, mit ca. 150 Schritt Breite und 200 Schritt Länge, also ca. 700 Schritt oder 1600 Fuß Entwickelung. Der Graben hat bei einer oberen Breite von 25 Fuß, 5 Fuß Tiefe; der Wall bei einer Breite von 60 Fuß auf dem Horizonte, durchschnitt=lich 10 Fuß Höhe. Man darf das Grabenprofil auf ca. 100, das Brustwehrprofil auf 450 Quadratfuß anschlagen. Das ist ein Ver=hältniß, welches einen ganz enormen Erdtransport voraussetzt, denn selbst die Grabentiefe aufs Doppelte angenommen bleiben immer noch wenigstens 250 Quadratfuß von dem heutigen abgeflachten Brust=wehrprofil von anderwärts her zu decken. Gehen wir nun auf die Arbeitszeit über, das Entscheidende, so finden wir, vorausgesetzt eine unbeschränkte Anzahl Arbeiter in immer wiederholten Ablösungen, für den rohen Erdbau des äußeren Walles 21 Stunden, als ein kaum aufrecht zu erhaltendes Minimalresultat. Hierbei ist angenommen, daß in den oberen Schichten 15, in den unteren 12 Kubikfuß pro Stunde von 1 Mann ausgeschachtet werden. Der innere Wall würde in gleichem Verhältnisse 30 Stunden erfordern. Wollen wir der Wahrscheinlichkeit nahe kommen, so müssen wir die Zeiten aber wenigstens um die Hälfte erhöhen. — Hiermit zerfällt die Idee eines Varianischen Marschlagers; schon ein Bau, der die Nacht zu seiner Herstellung erfordert, kann nicht Marschlager sein, das heute Abend gebaut und morgen früh verlassen wird; erfordert der Bau aber mindestens 48 Stunden, so wird die Annahme dieses Zweckes unmöglich. Allein wie an der Grotenburg will uns auch hier kein militairischer Zweck des Ganzen einleuchten; die Anlage hat keinerlei active Wirksamkeit als Sperrplatz oder Basis, und als Zufluchtsort, wozu es nach seiner Größe und wegen des mit in die Umfassung gezogenen Weihers geeignet sein könnte, fehlt ihm der natürliche Terrainschutz, da selbst in dortiger Gegend und in nächster Nähe Plätze vorhanden, die den stattgehabten Arbeitsaufwand besser gerechtfertigt und zu besseren Resultaten geführt haben würden. Ich mag zwar den Zweck des Baues als Zufluchtsstätte nicht anzweifeln, noch viel weniger aber ihn vertheidigen; meine Privatansicht geht aber dahin, daß es ein gottesdienstlichen oder sonst öffentlichen Zwecken gewidmeter Platz gewesen sei.

Geradezu räthselhaft bleibt die Herbeischaffung der Erde zu den Wällen. Der natürliche Boden ist überall gleichmäßig sanft fallend, wie schon angegeben; es muß also eine gleichmäßige Abschälung stattgehabt haben, oder ein Transport aus größerer Ferne — beides Arbeiten kolossalen Umfanges, erklärbar allein durch erhabene Zwecke."

Der Verfasser behauptet, dem varianischen Heere sei die Anlegung des Lagers, das er an einer anderen Stelle „ein höchst interessantes Stück Alterthum" nennt, in der ihm vergönnten Frist nicht möglich gewesen. Seite 40 des zweiten Nachtrags habe ich nach Rücksprache mit Technikern die zum Aufwerfen der Wälle erforderliche Zeit, in der Voraussetzung, daß mindestens 10,000 Mann ungehindert daran arbeiteten, zu fünf Stunden veranschlagt. — Die Fertigkeit der römischen Legionen in Errichtung verschanzter Lager ist bekannt. Als der Kampf bei den langen Brücken gegen Abend beendet war, wurde von den Truppen, welche die Nacht vorher meist ruhelos zugebracht, den Tag über im Moore gekämpft, im Kampfe das zum Aufwerfen der Wälle erforderliche Geräth größtentheils verloren hatten, ein Lager errichtet, das die Deutschen am folgenden Tage nicht zu erstürmen vermochten (Seite 86 f. oben). Aehnlicher Fälle ließen sich mehrere anführen. So errichtete u. A. ein römisches Heer auf dem Rückwege aus Syrien in einem thracischen Walde ebenfalls in kurzer Zeit ein Lager mit zwei Wällen (S. 52 oben). Der Verfasser der Terrainstudien spricht auch von einem enormen Erdtransport, der bei Anlegung der Wälle des Lagers im Havixbrock erforderlich gewesen. Derselbe hat wohl nicht bemerkt, daß der Raum im inneren Theile des Lagers ungefähr ½ Fuß niedriger liegt, wie der Boden umher; so weit die Erde aus den Gräben nicht hinreichte, ist sie aus dem Innern entnommen. Das Lager sollte zur Schutzwehr gegen die Feinde dienen; die Soldaten und alle Angehörige des Heeres werden auf die Befestigung desselben eifrigst bedacht gewesen sein, nicht bloß am ersten Schlachttage, sondern auch die folgende Nacht, den folgenden Tag daran gearbeitet haben. Nachdem das Lager bezogen war, konnte die Erde zur Aufhöhung der Wälle nur im Innern ausgegraben werden. Zu bemerken ist übrigens noch, daß der Wall des mittleren Theils nach Südwesten in zwei Kämme ausläuft, hier also einem Doppelwalle ähnlich sieht, und daß sich an der Ostseite des Lagers, etwa 150 Schritte davon entfernt, ein mit demselben parallel laufender einfacher Wall mitten im Gehölze findet, der während der Errichtung des Lagers zur Abwehr der von Osten her andrängenden Feinde gedient haben wird. — Was die Anhöhe betrifft, auf welcher das Lager angelegt worden, so wird jeder Ortskundige bezeugen, daß sie von keiner anderen dominirt wird und die nächste Umgegend keine geeignetere aufzuweisen hat. Uebrigens schildert Dio den Lagerplatz auch nicht als einen vorzüglichen; er sagt: „Sie (die Römer) schlugen, da sie, — soweit es auf einem dichtbewaldeten Berge möglich war, einen Platz gefunden, ein Lager auf." Zu berücksichtigen ist hierbei, was J. Hyginus über die Auswahl der Lagerplätze sagt: „Derjenige Platz ist als der beste anzusehen, der sich vom Felde allmählig erhebt, — den zweiten Rang in der Güte haben die Lager, welche in Ebenen liegen, — den dritten die auf einem Hügel, — den vierten die auf einem hohen Berge, — den fünften diejenigen, welche durchaus an dem Orte, wo ein Heer sich befindet, angelegt werden müssen. Man nennt diese daher nothwendige." Als eins der letzten Art, als ein Nothlager ist m. E. das im Havixbrock anzusehen. — Das Lager hat übrigens nicht die Gestalt eines Fünfecks, sondern die eines länglichen Vierecks mit abgerunbeten Erten, jedoch ist eine der kürzeren Seiten des inneren Theils auch etwas abgerundet. (M. s. die Tafel 2 zu meiner größeren Schrift.) Nur der Wall des äußeren Theils ist nach einer Seite offen, nicht der des inneren Theils. Nach der offenen Seite fällt die Anhöhe allerdings steil ab; der Abhang wird zur Zeit der Schlacht weniger ersteiglich gewesen sein, weil der Bach am Fuße desselben ohne Zweifel durch Regengüsse stark angeschwollen war. Das enge Thal, welches dieser Bach durchfließt, ist überdem selbst im hohen Sommer sumpfig. Beispiele davon, daß die Römer sonst auch in den Wällen um ihre Lager nach Seiten hin, Lücken gelassen, wo sich Abhänge fanden, sind in meiner größeren Schrift S. 60 angeführt. Zu vergl. auch S. 49 oben.

Der Verfasser der Terrainstudien will das Werk überhaupt nicht als ein Lager angesehen wissen. Er sagt, er möge zwar den Zweck desselben als Zufluchtsstätte nicht anzweifeln, noch viel weniger aber ihn vertheidigen; seine Privatansicht gehe dahin, daß es ein, gottesdienstlichen oder sonst öffentlichen Zwecken gewidmeter Platz gewesen sei. Gründe für diese Ansicht sind nicht angeführt; sie werden sich auch schwerlich finden. — In den Schriften der Alten geschieht heiliger Wälder, heiliger Steine Erwähnung; die Kirchenversammlungen eifern gegen das Opfern auf diesen, an Quellen u. s. w.; — darüber, daß die Germanen auch umwallte heilige Orte gehabt hätten, findet sich aber keine Nachricht. In Westfalen kommen Ueberreste davon, soviel mir bekannt, auch nicht vor. Bei Schlieben und an einigen anderen Orten an der schwarzen Elster (Sachsen) werden umwallte Räume angetroffen, Burgwälle, Bungerte oder Schwedenschanzen genannt, der größte von einem Walle 639 Schritte lang, umgeben, — in der Schweiz Plätze von Steinen oder mit Wällen eingefaßt, mit einem Hügel in der Mitte, — Alle haben die s. g. heilige Kreisform, d. h. sie sind kreisrund. Diese Werke gelten als Opferstätten. Es fragt sich aber, ob die in Sachsen von Germanen angelegt sind; sie können von Slaven herrühren; — die in der Schweiz werden den Kelten zugeschrieben. Ueberdem sind die Burgwälle u. s. w. hinsichtlich der Form sowohl als Größe von dem Lager im Havirbrock sehr verschieden. Mit den religiösen Feiern der Alten waren stets Opfer verbunden; in den Burgwällen sind viele Ueberreste von geopferten Thieren ꝛc. ꝛc. gefunden; im Havirbrock gar keine. Daran, daß der umwallte Raum in diesem Walde eine heilige Stätte darstelle, kann also nicht füglich gedacht werden. Zu welchen öffentlichen Zwecken er sonst habe dienen können, weiß ich nicht zu errathen. Die früher von Anderen ausgesprochene Vermuthung, die Wälle hätten zur Befestigung einer mittelalterlichen Burg gedient, hat sich als völlig unbegründet erwiesen. Es findet sich nehmlich, wie eine im Jahre 1854 vorgenommene sorgfältige Untersuchung ergeben, weder im Innern noch in den Wällen die geringste Spur von Mauerwerk.

In meinen früheren Schriften ist unerwähnt gelassen, daß in der Gegend zwischen Ems und Lippe noch ein anderes Lager vorkommt. Es liegt ½ Meile nordwestlich von Lippstadt, und ungefähr 3 Meilen östlich vom Havixbrock. Der Oberstlieutenant Schmidt gibt in der Zeitschrift des westfälischen Geschichtsvereins, Jahrgang 1859, S. 289, folgende Beschreibung desselben: „Oestlich von der Mündung der Liese in die Glenne befindet sich auf einer hochgelegenen trockenen Heide die Hünenburg. Es ist das am besten erhaltene römische Lager, was der Verfasser in Westfalen gesehen hat.*) Es bildet ein regelmäßiges längliches Viereck mit schön abgerundeten Ecken. Die langen Seiten haben 280 und die kurzen 136 Schritte. Die untere Anlage des Walles beträgt 20 bis 25 Schritte, die Höhe zum Theil noch 12 bis 16 Fuß. An der Südseite sind drei Eingänge, einer nach der Mitte und die beiden anderen gegen die abgerundeten Ecken hin. Die beiden letzten scheinen später entstanden zu sein. An der Nordseite ist eine Oeffnung. Das Ganze ist von Erde aufgeführt.... Muthmaßlich ist die Hünenburg ein Etappenlager auf der Opera-

---

*) Der Oberstlieutenant Schmidt scheint das Lager im Havixbrock nicht selbst besichtigt zu haben. Er bemerkt S. 272 der angeführten Zeitschrift: „Eingetretenes Regenwetter hinderte mich (er war bis an die Bauerschaft Ebbecker, westlich vom Havixbrock gekommen) meine Untersuchungen in dem ganz aufgeweichten Kleiboden fortzusetzen." S. 283. „Der Havixbrock ist ein sumpfiger Niederwald. Die Ueberreste der auf einer Anhöhe in selbigem gelegenen alten Burg mit doppeltem Walle scheinen dem Stammsitze der längst ausgestorbenen Familie von Havixbrock angehört zu haben." Wie schon oben bemerkt, findet sich in dem Lagerraum keine Spur von Mauerwerk; eine Burg oder überhaupt ein Gebäude kann also nicht darin gestanden haben. Der Name v. Havixbrock kommt, soviel ich finden kann, in keiner Urkunde vor; schwerlich hat auch je eine Familie dieses Namens existirt; den Namen führt immer nur das Bauerngut neben dem Walde Havixbrock. Schmidt würde, hätte er das Lager kennen gelernt, gefunden haben, daß dasselbe der von ihm beschriebenen Hünenburg ähnlich, nur besser wie diese erhalten ist. Nach einem mir mitgetheilten Handriß findet sich im Innern der Hünenburg auch ein besonders umwallter Raum.

tionslinie nach dem Teutoburger Walde (dem Osning) gewesen ꝛc." — Dieses Lager kann m. E. von Varus vor dem Beginne der Schlacht, oder von Germanicus im Herbst 15 angelegt sein.

Um auf das Lager im Havixbrock zurückzukommen, so wird wohl darauf kein besonderes Gewicht gelegt werden, daß es hinsichtlich der Form nicht vollständig mit den, so vielen Werken beigefügten Plänen römischer Lager übereinstimmt. Die Pläne stellen die Art von Lagern dar, welche am häufigsten in Anwendung kam. Wenn die Umstände es erforderten, wurde den Lagern aber auch eine andere Form gegeben. M. s. darüber Vegetius d. r. m. Buch I. Kap. 23: „Die Form des Lagers ist mitunter ein Viereck, mitunter ein Dreieck, mitunter auch ein halber Zirkel, wie es die Beschaffenheit des Orts und andere Umstände erfordern." In der Lage, worin das varianische Heer sich befand, konnte an die Errichtung eines allen Anforderungen entsprechenden Lagers nicht gedacht werden. Dio sagt ja auch an der mehrfach angeführten Stelle, das Lager sei, nachdem man, soweit es überhaupt möglich gewesen, einen passenden Platz gefunden, aufgeschlagen worden. — Dem Lager im Havixbrock fehlen einige der Oeffnungen oder Thore, womit die römischen Lager versehen waren und die vorhandenen sind sehr eng. Gerade darin möchte aber ein Beweis dafür liegen, daß es während eines Kampfes entstanden. In kritischen Fällen wurden die Thore stets sämmtlich oder zum Theil zugebaut. (Rüstow, Heerwesen ꝛc. Jul. Caesar's, S. 82, 83.) Ueberhaupt darf nicht aus den Augen gelassen werden, daß das Lager, wovon hier die Rede ist, als ein Nothlager angesehen werden muß. Zu vergleichen möchte hierbei sein J. Cæsar d. b. G. V. 49, 50.

Der Verfasser der Terrainstudien fügt seinen Auslassungen über meine Annahmen in Betreff der Varusschlacht noch hinzu: „Neuerlich hat man $1/4$ oder $1/2$ Stunde westlich Beckum beim Drainiren eine Masse Alterthümer, Gerippe, Waffen, Pferderüstzeug und — eine wirklich allerliebste Pincette gefunden, die auf beiden Seiten eine deutliche XIX trägt und den unwiderleglichen Beweis liefern soll, daß gerade dort die Neunzehner vernichtet worden seien. Das Feld liegt eine Stunde von der Umwallung (im Havixbrock) und zwar von dem Meridian derselben westlich abweichend, auf dem Landrücken, Direktion gegen Hamm zu — in dem einzig schlagbaren Terrain der Gegend. Die Ueberbleibsel haben flach gelegen, im Humus, nicht im Klei, also nicht bestattet oder überdeckt, sondern es ist auf sie nur gekommen der Niederschlag des Waldes, der Cultur, der Zeit überhaupt. Ein altes

Gefechtsfeld liegt vor. Da nun aber die Neunzehner lange vor ihrer Vernichtung in Vetera gestanden, und gar viele Züge in das Bruktererland unternommen haben, warum soll der zufällige Verlust, den hier vielleicht ein „Legionsstabsarzt" erlitten, gerade beweisen, daß die ganze Neunzehnte hier ihren Untergang gefunden? Warum konnte es nicht etwa eines jener Detaschements sein, die man dem Varus abgelockt und die man in ihrer Vereinzelung niederhieb?" —

Hierzu die Bemerkung, daß im Herbst 1861, — auf Anordnung der Königl. preuß. Regierung und auf deren Kosten ferner versuchsweise Nachgrabungen vorgenommen und wieder 11 menschliche Skelette, mehrere Pferdegerippe, Waffen verschiedener Art und andere Sachen gefunden sind. Mit einiger Sicherheit läßt sich aber darüber, aus welcher Zeit und von welchem Volke diese Ueberreste herrühren, erst dann eine Ansicht aussprechen, wenn eine förmliche Losdeckung wenigstens einiger Felder stattgefunden hat. Von der Königl. Regierung sind die dazu erforderlichen Geldmittel bewilligt; die Arbeiten können aber erst im Herbst dieses Jahres (1862), wenn die Felder abgeerntet sind, begonnen werden. Vorläufig Folgendes zur Ergänzung des vorstehenden Auszugs aus den Terrainstudien.

Durch den Kreis Beckum zieht sich ein Bergkamm in der Richtung von Osten nach Westen. An der Südseite, wo er steil abfällt, ist die Gegend hügelig und wellenförmig. In dieser Gegend, wovon der Havixbrock einen Theil bildet, nehme ich das varianische Schlachtfeld an. Nach Norden hat der Bergkamm eine sanfte Abdachung, die mit Aeckern, Weiden und Holzungen bedeckt ist. Bei dem vor 25 Jahren erfolgten Bau einer Chaussee sind an diesem Abhange schon einige Leichen, auch Waffen u. dergl. ausgegraben; man hat aber nicht darauf geachtet. Im Frühjahr 1860 wurden beim Drainiren eines Feldes mehrere Leichen, Waffen, Pferdegerippe u. s. w. angetroffen, bald darauf an einer anderen Stelle 15 Minuten weiter nördlich, und beim Auswerfen eines Kellers 30 Minuten südwestlich von dem erwähnten Felde, Menschenknochen in größerer Menge. Als im Herbst 1861 versuchsweise fernere Nachgrabungen vorgenommen wurden, fanden sich nicht bloß auf dem Felde, welches die erste Ausbeute geliefert, sondern auch auf meinem etwas mehr westlich liegenden Felde einige Skelette und Theile von Pferdegerippen, jedoch ohne Waffen und sonstige Beigaben. Leichen kommen also an mehreren Stellen vor. Die Frage, von welchem Volke sie stammen, wird, wenn die angeordneten Nachgrabungen beendigt sind, — wahrscheinlich noch in einem Nachtrage zu dieser Schrift, — besprochen werden.

Ein folgendes Kapitel der Terrainstudien befaßt sich mit den Ereignissen in den Jahren 9 bis 14 nach Chr. Gesagt wird: „Es mag fraglich erscheinen, ob Aliso wirklich in der Germanen Hände gefallen, oder während dieser Zeit und bis zum Jahre 15, in welchem es gewiß in Römerhänden war, von den Römern besetzt geblieben ist...... Wir schließen aber, daß es geradezu undenkbar sei, eine Feste habe sich ohne Unterstützung und ohne erneuerte Verproviantirung mehrere Jahre gehalten. Daß man römischerseits das totale Aufgeben Aliso's weiter nicht erwähnt, sondern nur des plötzlichen Durchschlagens, ist eben so begreiflich, als daß man es gewiß erwähnt haben würde, wenn Offensiv-Bewegungen an der Lippe aufwärts bis zu deren Quellgebiet geführt worden wären." — Ob die Römer das nach der Niederlage des Varus längere Zeit hindurch belagerte Kastell endlich aufgegeben und später wiedererobert haben, — im Frühjahr 16 war es in ihrem Besitz, — oder ob sie es fortwährend behauptet, wissen wir nicht bestimmt. Letzteres anzunehmen, berechtigen die S. 30 oben angeführten Gründe wohl. Wenn die Terrainstudien das Gegentheil als glaublicher darstellen, so rührt das daher, daß sie das Kastell nach den Lippequellen verlegen. Eine so weit vom Rheine entfernte Feste konnten die Römer freilich nicht Jahre hindurch mit Proviant versehen und besetzt halten.

Zu dem Kriegszug gegen die Chatten im Frühjahr 15 übergehend, stellt der Verfasser die überraschende Behauptung auf, Germanicus sei von der Militairstraße an der Lippe aus, Hamm oder Paderborn als Ausgangspunkt nehmend, südwärts oder südöstlich marschirend, in das Chattenland eingedrungen. Daß dieses irrig ist, bedarf keiner Ausführung; es liegen die bestimmtesten Nachrichten darüber vor, daß Germanicus über das Taunusgebirge seinen Weg nahm, also vom Main her vorrückte. (Tacit. Ann. 1, 56 f., S. 36 oben.)

Die Ansichten des Verfassers der Terrainstudien über den Zweck und die Ausführung des Feldzugs im Herbst 15, (die Nachrichten darüber finden sich S. 38 oben) weichen von den meinigen, S. 56 f. oben, noch mehr ab, wie die des Herrn v. W. — Wir wollen aus seiner Darstellung das Wesentlichste wörtlich aufnehmen.

„Der zweite Theil des Feldzuges (eben der im Herbst 15) sollte jedenfalls direkt das cheruskische Land treffen..... Der Angriff richtete sich vor allem nicht gegen die Front des cheruskischen Landes, sondern gegen dessen nördliche Flanke u. s. w. Germanicus entsendete die Hälfte seiner Infanterie mit weniger Reiterei von Vetera aus über Borken gegen die mittlere Ems; Cäcina hatte die Aufgabe, mit diesem Heerestheile das Bruktererland zu durchschreiten, jedenfalls nicht eben schonend, wie gleich erwähnt werden wird, wahrscheinlich auch um Lebensmittel zusammenzubringen und die Aufmerksamkeit der Feinde zu theilen.... Größeren Nachdruck erhielt diese Demonstration durch die Versendung eines Streifcorps unter Stertinius, der, alles Land zwischen Ems und Lippe verheerend, bis zu den entferntesten Bruktererern vordrang, bei seinen Plünderungszügen auch den Adler der 19. vorfindend. Die Reiterei, unter Pedo rückte .... durch friesisches Gebiet gegen die mittlere Ems. Die vier übrigen Legionen mit Gepäck und Verpflegungswesen gingen zu Schiff durch den Drususkanal und die Seen, hinter den Inseln weg, nach der Ems. Hier an der Ems vereinigte sich das Heer. Die allgemeine Topographie muß, an der Hand des entwickelten Kriegsplans, ungefähr die Oertlichkeit angeben, wo das gesammte Heer sich vereinigte. Wir müssen hier wenigstens eine strategische Vereinigung annehmen, d. h. eine solche, welche das unmittelbare Zusammenwirken aller Heertheile außer Zweifel erhielt, sehen im Uebrigen keinen Grund ab, der gegen die taktische, b. h. unmittelbare Vereinigung spräche, da das Heer aus Magazinen lebte, also verweilen konnte, wo es wollte und sind vollkommen geneigt, eine solche Vereinigung vorauszusetzen.

Die Gegend von Rheine bietet als Basis für die weiteren Operationen eine Summe von Vorzügen. Es ist eine Hügelinsel inmitten von Morästen und Heideebenen, also taktisch günstig gelegen, leicht zu befestigen und zu halten; es ist der äußerste Punkt, bis wohin man aus dem großen schwimmenden Magazin der Flotte auf leichten Schiffen die laufenden Verpflegungsmittel bringen konnte, es läßt sich von Vetera her leicht und in gutem Lande erreichen; es ist endlich der natürliche Ausgangspunkt aller Wege, die mit Umgehung des Osning 2c. ins Osnabrückische und von da in den Herforder Kessel führen. Bedenkt man, was es sagen will, in damaliger Zeit einem Heere von 80,000 Mann die Verpflegung nachzuführen, so gewinnt die Rücksicht Gewicht, daß man den Landtransport möglichst abgekürzt haben wird. Recht möglich sogar, daß der große Umweg nur allein den sicheren Wassertransport der Magazine an die beabsichtigte Operationslinie zum Zwecke gehabt hat.

Zur Zeit der Vereinigung des Heeres bei Rheina war sonach Stertinius mit einem Streifcorps, vielleicht von dort, wahrscheinlicher schon vorher, von Cäcina, aber auf Germanicus Anordnung, zu seinem Verheerungszuge ausgesandt worden, der unter letzterer Voraussetzung zugleich den Flankenmarsch des Cäcina gedeckt und verborgen hätte, was eben so wichtig war, als die Züchtigung der Brukterer und die weitere Täuschung der Feinde. Tacitus erwähnt der Entsendung und unmittelbar darauf folgt die entscheidende Stelle:

Ductum inde agmen ad ultimos Bructerorum; quantumque Amisiam et Luppiam amnes inter, vastatum, haud procul Teutoburgiensi saltu, in quo reliquiæ Vari legionumque insepultæ dicebantur.

Gewöhnlich wird angenommen, Germanicus habe „nun sein Heer bis zu den entferntesten Brukterern geführt; alles Land zwischen den Flüssen Ems und Lippe wurde verwüstet, nicht weit vom Teutoburger Walde, worin, wie es hieß, des Varus und der Legionen Ueberreste unbestattet lagen."

Was hatte aber Germanicus für einen Zweck, nach langem Umwege von Norden her emsaufwärts zu marschiren, nachdem er bereits im Frühjahre am Quellgebiete der Lippe, d. h. militairisch genommen an demselben Punkte, bereits als Sieger gewesen war? Die Züchtigung der Brukterer konnte auch damals von der Militairstraße aus erfolgen, die Auxilien konnte er abwarten — die ganze Sache ist eine militairische Widersinnigkeit, die man einem so genialen Feldherrn wie Germanicus, nicht zutrauen darf ohne genauen Beweis, und der fehlt."

Dann wird gesagt, „Germanicus sei nicht, (wie v. W. annimmt) mit seinen vier Legionen allein in das Cheruskenland eingedrungen, sondern in Verbindung mit Cäcina. Germanicus habe sein Heer nicht getheilt, sondern unter Voraussendung des Cäcina, als des Avantgardekommandanten, die Umgehung des gefürchteten Waldgebirges (Osnings) mit ganzer Macht ausgeführt. Agmen müsse zwar gebräuchlicherweise mit Heer oder Heertheil wiedergegeben werden, es könne aber auch in einem anderen Sinne genommen werden, nehmlich als Streithaufe überhaupt, dann aber noch als Marschrichtung oder Marsch an sich. Da nun in dem Satze unmittelbar vorher von dem Streifkorps des Stertinius und seiner Aufgabe gesprochen worden, so unterliege es wohl keinen sprachlichen Unzu-

kömmlichkeiten, anzunehmen, daß hier von des Stertinius Ab=
theilung oder von dessen Marsch die Rede sei 2c. 2c."

Genug, der Verfasser setzt voraus, die Vereinigung der drei
Armeekorps habe bei Rheine stattgefunden, Germanicus sei von dort
mit seinen und den Legionen des Cäcina, einbegriffen die Reiterei
unter Pedo oder doch den größeren Theil derselben, auf Osna=
brück, Herford, marschirt und so in des Gegners (Hermanns) rechte
Flanke vorgerückt, — Stertinius dagegen habe, allein am linken Ufer
der Ems vorgehend, die Brukterer geschlagen und ihr Land bis in
die äußerste östliche Grenze verwüstet. — Wörtlich heißt es dann
weiter: „Germanicus stieß auf einen ebenbürtigen Gegner. Armin
vermied die Hauptschlacht, die jener suchte. Er wich zurück. Germa=
nicus folgte und erreichte nun die Varianischen Schlachtfelder 2c." —
Auf Stertinius Meldung, der sich vom Bruktererland her Cheruskien
genähert, soll Germanicus die Lust angewandelt haben, das Schlacht=
feld zu besuchen. Der weitere Verlauf des Feldzuges bleibt völlig
unter den Erwartungen des Germanicus. „Man wird nicht fehl=
greifen, wenn man dem Gefechte (nach der Besichtigung des Schlacht=
feldes) größerer Bedeutung beilegt; der Erfolg spricht wenigstens für
einen Sieg der Germanen 2c. 2c."

Gehen wir diese Annahmen durch.

a) Die Richtigkeit der Annahme, Cäcina habe auf dem Hin=
marsche nach der Ems das Bruktererland (den nordwestlichen Theil
desselben) jedenfalls eben nicht schonend durchzogen, unterliegt
erheblichen Zweifeln. Wenn Tacitus der späteren Verheerung (des
östlichen Theils) gedenkt, weshalb sollte er die gleich anfangs vorge=
nommene verschwiegen haben? Wäre es der Klugheit gemäß gewesen,
schon beim Beginne des Feldzuges, vor erfolgter Vereinigung der drei
Armee=Abtheilungen, die Feinde zu alarmiren? Germanicus rächte
die Niederlage des Varus an denjenigen, welche gegen diesen Feldherrn
gekämpft hatten; ist es denn erwiesen, oder wahrscheinlich, daß auch
die, vom Teutoburger Walde, ja nachdem er im Kreise Beckum, oder
in der Dörenschlucht angenommen wird, bis 15 und 20 Meilen ent=
fernten Bewohner des nordwestlichen Bruktererlandes zu den Mit=
kämpfern gehörten? Von den Schaaren, welche in der Schlacht mit=
wirkten, fand sich ein Theil erst spät ein. Dio sagt: „Ueberdies
waren sie (die Deutschen) weit stärker an Zahl, da auch von denen,
welche anfangs unschlüssig waren, viele (als die Schlacht sich zum
Ende neigte) schon um der Beute willen zu ihnen stießen." Daraus

läßt sich auf eine Theilnahme der verschiedenen Völkerstämme in ihrer Gesammtheit nicht schließen. Hauptsächlich werden es die östlichen Brukterer, die Nachbaren der Cherusken, gewesen sein, welche sich Hermann anschlossen; deshalb wurde deren Land verwüstet. Hinsichtlich der Chatten ist Aehnliches anzunehmen (S. 37 oben).

b) Die Gegend von Rheine biete, heißt es als Basis für die Operationen (des römischen Heeres) eine Summe von Vorzügen dar; sie wird eine Hügelinsel genannt; in derselben soll die Vereinigung der drei Armeekorps stattgefunden haben.

Die Stadt Rheine liegt an beiden Seiten der Ems in einer Ebene. Ein etwa 40 Fuß hoher Hügel am rechten Ufer des Flusses, nordöstlich der Stadt, und eine $^1/_8$ bis $^1/_6$ Meile von derselben entfernte, gegen 180 Fuß aufsteigende Höhe, am linken Ufer, die sich in der Richtung von Norden nach Süden $^1/_2$ Meile weit hinzieht und durch eine Schlucht in zwei Theile scheidet, sind die einzigen Boden-Erhöhungen, welche ringsum vorkommen. $1^1/_2$ Meile nördlich und $1^1/_4$ Meile südlich von Rheine sind die Haiden an einzelnen Stellen sumpfig und torfhaltig; diese Stellen können aber mit eigentlichen Torfmooren nicht verglichen werden. Das nächste wirkliche Moor, das Burtanger, beginnt erst 6 Meilen nördlich von Rheine. Die Gegend um diese Stadt, — eine Hügelinsel genannt, — soll leicht zu befestigen und zu halten sein. Ob der Gegend kundige Sachverständige diese Ansicht theilen? Sicher eignete sich die Seite 84 oben beschriebene Gegend zwischen dem Burtanger Moor und der Ems weit besser zum Sammelplatz für das römische Heer und zur Errichtung von Lagern.

In welcher Art die Vereinigung der Armee-Abtheilungen bei Rheine stattgefunden, wird in den Terrainstudien nicht angegeben. Daß Cäcina von Vetera aus dorthin marschiren konnte, unterliegt keinem Zweifel. Aber Germanicus? Soll er mit der Flotte den Emsfluß hinauf bis Rheine gefahren, oder diese irgendwo an der unteren Ems zurücklassend, von dort nach dem Vereinigungspunkte marschirt sein? Und Pedo? Derselbe konnte von den Niederlanden aus die Ems nur bei Rehde erreichen. Er traf dann nicht, wie behauptet wird, zunächst an der mittleren Ems ein. Führte er die Reiterei von Rehde dem linken Ufer der Ems entlang nach Rheine? Wenn diese Märsche an der Ems her vor dem Zusammentreffen mit Cäcina noch ausgeführt werden mußten, konnte Tacitus nicht füglich sagen: „zu gleicher Zeit traf das Fußvolk, die Reiterei und die Flotte an dem genannten Flusse (Ems) zusammen." Man ersieht, wie gesagt, aus den Terrainstudien nicht, ob die Flotte von etwa 400 Schiffen den Emsfluß bis Rheine, das auf dem Landweg 18 Meilen von Rehde entfernt ist, hinaufgefahren sein soll; wird angenommen, es sei geschehen, so heißt das Germanicus ein, wo nicht völlig unmögliches, doch jedenfalls unglaublich kühnes und schwieriges, dabei aber mit großem Zeitverlust verbundenes zweckloses Unternehmen zutrauen.

c) Es wird nicht bloß die Vereinigung des römischen Heeres bei Rheine, sondern auch die Entsendung eines Korps unter Stertinius von dort gegen die Brukterer, wahrscheinlich vor dem Eintreffen des Germanicus, angenommen. Cäcina soll ihn abgeordnet haben. Das stimmt nicht mit den vorliegenden Nachrichten. Diesen zufolge traf Cäcina zugleich mit Germanicus, nicht früher, an der Ems ein; er konnte also, bevor der Oberfeldherr angelangt war, keine Befehle ertheilen. Tacitus sagt auch (Ann. I. 60) ausdrücklich, Stertinius sei von Germanicus abgeschickt. In den Terrainstudien wird das Stertinius zugetheilte Korps ein Streifkorps genannt. In den Annalen steht wörtlich: „Bructeros, sua urentis expedita cum manu L. Stertinius, missu Germanici fudit." Expediti wurden die leicht bewaffneten Truppen, die Veliten, auch Schwerbewaffnete genannt, diese, wenn sie den beschwerlichsten Theil ihrer Equipirungsstücke zurücklassen durften. Stertinius führte ein solches leicht gerüstetes Korps, also die aus allen oder einzelnen Legionen gezogenen leichten Truppen, vielleicht auch einige Manipeln schwerer Infanterie, ohne Gepäck. Ob die Benennung „Streifkorps" darauf paßt, sei dahin gestellt; jedenfalls bestand es größtentheils aus den leichten Truppen der Legionen; es durfte auch, wenn seine Aufgabe war, allein zu operiren, nicht von geringer Stärke sein. Es soll wirklich von Rheine aus allein am linken Emsufer vorgegangen, nicht bloß in den östlichen Theil des Bruktererlandes zwischen Ems und Lippe, sondern von dort aus auch in den Osning eingedrungen sein, während die Hauptarmee (aus den Korps von Germanicus, Pedo und Cäcina bestehend) von Rheine aus östlich zog, den Osning umging u. s. w. Die leichten Truppen blieben sonach von der Hauptarmee geraume Zeit entfernt. Sollte je ein römischer Feldherr sein Heer in solcher Art von den leichten Truppen entblößt haben? Denken wir uns, bei Rheine stände jetzt ein Heer, der Führer marschire mit demselben, ohne die leichten Truppen, über Osnabrück nach Herford u. s. w. und schicke diese (die leichten Truppen) abgesondert in der Richtung auf Münster, Warendorf u. s. w. ab. Würde man das nicht recht sonderbar finden? Müssen nicht immer leichte und schwere Truppen zusammen verwendet werden? Daß es bei den Römern geschah, ergeben alle Werke, welche über das römische Kriegswesen handeln. Der S. 45 oben unter d angeführte Fall liefert ein Beispiel. — Um auf den Feldzug im Jahre 15 zurückzukommen, so liegt es klar am Tage, daß Stertinius mit leichten Truppen nur vorausgeschickt wurde, die Hauptarmee ihm folgte.

d) Wie schon mehr erwähnt, läßt der Verfasser der Terrainstudien die vereinigte römische Armee, 8 Legionen und die Reiterei unter Pedo, bloß mit Ausschluß der leichten Truppen, vom Rheine aus den Osning umgehen, über Osnabrück nach der Gegend von Herford ziehen, in des Gegners (Hermanns) rechte Flanke fallen u. s. w.

Aber, — wie kam denn das Heer, namentlich die Reiterei, der Train, vom linken auf das rechte Ufer der Ems, wie weiterhin über die Haase u. s. w.? Von Brückenschlagen ist in den Nachrichten über diesen Feldzug mit keinem Worte die Rede. Doch es kann auf das Seiten 4 und 45 oben hierüber Gesagte Bezug genommen werden.

e) Die Stelle „Ductum inde agmen etc." soll nicht auf das vereinigte römische Heer, sondern auf Stertinius Korps zu beziehen sein. Allerdings bezeichnet agmen ein auf dem Marsch befindliches, ein operirendes Kriegsheer. Es wird aber erst gesagt, Stertinius sei mit leicht gerüsteten Truppen entsandt, dann „ductum inde agmen", also „darauf — (nachdem Stertinius entsandt war), wurde das Heer zu den entferntesten Bruktereren geführt." Dieses Heer muß sich später wie das Heer unter Stertinius in Bewegung gesetzt haben. — Tacitus würde auch schwerlich die Truppen, welche er in einem Satze „expedita" nennt, in dem gleich darauf folgenden „agmen" genannt haben. Zu berücksichtigen ist ferner, daß es erst heißt, Stertinius sei entsandt (missu Germ.), kurz darauf, das Heer (agmen) sei geführt (ductum). Daraus geht offenbar hervor, daß verschiedene Truppentheile gemeint sind. Uebrigens ist die Stelle „ductum inde etc." soviel ich finden kann, von Historikern und Uebersetzern nie anders als auf das gesammte Heer angewendet.

f) Die Behauptung, Germanicus habe schon im Frühjahr 15 im Quellgebiet der Lippe gestanden, beruht, wie schon oben S. 113 bemerkt worden, auf einem Irrthum. Der Verfasser der Terrain=

studien nimmt an, Germanicus sei, von Hamm oder Paderborn südwärts oder südöstlich vorgehend, in das Chattenland vorgedrungen; — die Annalen ergeben aber (I. 56), daß der Zug von Süden her unternommen wurde. Germanicus marschirte über das Taunusgebirge, auf dem er ein von Drusus angelegtes Kastell (wahrscheinlich die Saalburg bei Homburg) wieder herstellte, nach dem nördlichen Chattenlande. Als er bald darauf denselben Weg einhaltend, vordrang und Segestes befreite, kam er ebenfalls nicht an die Lippequellen. Beide Märsche erfolgten nicht in südlicher oder südöstlicher Richtung, sondern in der von Süden nach Nordosten.

Cäcina operirte, während Germanicus das Chattenland durchzog, in der Gegend zwischen den Flüssen Lippe und Ruhr. Die Cherusken und Marsen wurden dadurch abgehalten, den Chatten Hülfe zuzuführen. In die Gegend zwischen Ems und Lippe kam auch Cäcina nicht. (Seite 37 oben.)

g) Die Bemerkung in den Terrainstudien, man werde den während des Feldzuges für 80,000 Mann erforderlichen Vorrath an Lebensmitteln fast ausschließlich mitgeführt, deshalb den Landtransport möglichst abgekürzt haben, wird Jeder als richtig anerkennen. Es leuchtet aber ein, daß, wenn das vereinigte römische Heer am linken Ufer der Ems in der Ebene blieb, bis es an die östliche Grenze des Brukterrerlandes gelangte, sein Weg viel kürzer und weit weniger beschwerlich war, als wenn es durch gebirgige Gegenden über Osnabrück nach Herford und von dort nach der Dörenschlucht zog. Zudem konnte das Heer, wenn es sich in der Nähe des Flusses hielt, denselben zum Transport eines Theils der Lebensmittel benutzen. Der Fluß läßt sich nehmlich mit Nachen bis in die Gegend von Greven und auch noch weiter befahren. — Wie viele Wagen würden zum Transport des Bedarfs für 80,000 Mann auf dem Landwege von Rheine über Osnabrück nach Herford u. s. w. erforderlich gewesen sein! Durch den Nachweis der Nothwendigkeit des Transports macht der Verfasser seine Hypothese in nicht geringem Grade unwahrscheinlich.

h) Nach der Seite 115 f. oben auszugsweise aufgenommenen Stelle soll Stertinius, als er mit seiner leichtgerüsteten Schaar bis an die Ostgrenze des Brukterrerlandes vorgedrungen, von der Nähe des varianischen Schlachtfeldes (in und bei der Dörenschlucht) Kenntniß erhalten und seine darüber eingesendete Meldung Germanicus zu dem Entschlusse bewogen haben, die bleichenden Gebeine zu bestatten. Wohin wurde Germanicus die Meldung überbracht? Gesagt wird: "Germanicus, im Herforder Kessel stehend, und die umliegenden Ausläufer der Höhen besetzt haltend, suchte des Varus Marschlinien auf und bereitete ihm eine würdige Todtenfeier." Stertinius hätte hiernach die Meldung von der Ostgrenze des Brukterlandes nach der 5 Meilen entfernten Gegend von Herford gelangen lassen, — und das ging doch nicht anders als durch Boten. Welchen Weg nahmen diese? Den durch den Osning und weiter mitten durch das Cheruskenland? — Wunderbar, daß sie dann durchkamen. — Doch, gehen wir über diese Unwahrscheinlichkeiten hinweg. Tacitus sagt: "in quo reliquiae Vari .... insepultae dicebantur". Diese Worte übersetzt der Verfasser selbst dahin: "worin, wie es hieß, des Varus 2c. Ueberreste unbestattet lagen"; sie lauten nicht darnach, daß Germanicus eine bestimmte Meldung durch einen seiner Offiziere erhalten habe.

Richtig ist, daß, wenn Germanicus von Herford zur Dörenschlucht und durch dieselbe zog, es sich gut erklärt, wie er zuerst das Lager des Varus, dann das Leichenfeld, dieses in genanntem Passe angenommen, gefunden. Wenn man sich solche Auslegungen der Quellenschriften erlaubt, wie es bei der Annahme eines Marsches von Rheine nach Herford u. s. w. geschehen, so läßt sich freilich das eine oder andere Ereigniß einfach darstellen. Für die Geschichte wird dadurch aber nichts gewonnen. Uebrigens ist die Annahme, Germanicus habe das vereinigte Heer dem linken Emsufer entlang, die Hügelgegend von Beckum rechts zur Seite lassend, bis Rietberg oder auch 1 bis 2 Meilen darüber hinaus geführt, dann erfahren, in der bis dahin unberührt gebliebenen Gegend von Beckum, 4—5 Meilen südwestlich liege das Schlachtfeld, und hierauf den Zug dahin angeordnet, einfach genug. Germanicus zog dann (von Rietberg aus) ebenfalls von Osten nach Westen; folglich traf er auch erst das Lager, dann das Feld mit den Ueberresten des varianischen Heeres u. s. w.

i) Der Verfasser der Terrainstudien hält es für unzweifelhaft, daß der Feldzug im Herbst 15 jedenfalls das cheruskische Land habe treffen sollen. Deshalb läßt er Stertinius allein gegen die Brukterer, das Hauptheer aber gegen die Cherusken operiren. Die vorliegenden Nachrichten bestätigen seine Ansicht nicht. Der Feldzug war der zweite in demselben Jahre, er wurde in den letzten Tagen des Monats August oder Anfangs September begonnen, er konnte also, — damals wurden die Kriege nicht bis in den Spätherbst oder Winter fortgesetzt, — voraussichtlich nicht von langer Dauer sein, nicht die Ausführung weitgehender Pläne zum Zwecke haben. Tacitus sagt, er sei unternommen, um die Feinde auseinander zu halten; aus dem was geschah geht hervor, daß die Brukterer an der Vereinigung mit den Cheruskern gehindert, zugleich auch wegen ihrer Theilnahme an dem Kampfe gegen Varus gezüchtigt werden sollten. Deßhalb drang das römische Heer nicht weiter, als bis an die östliche Grenze des Bruktererlandes vor. — Der Cherusken geschieht in Tacitus Bericht Ann. Buch I. von den Worten: „Et ne bellum etc." im 60. bis zum Schlusse des 62. Kapitels keine Erwähnung; derselben wird erst, nachdem das varianische Schlachtfeld geschildert worden, im 63. Kapitel gedacht; von einem Einrücken in das Cheruskenland ist im ganzen Berichte keine Rede: deßhalb kann angenommen werden, daß Germanicus gar nicht im Sinne hatte, es während dieses Feldzugs mit den Cherusken aufzunehmen. Er würde, nachdem die östlichen Brukterer geschlagen, ihr Land verheert, das varianische Schlachtfeld besichtigt worden, den Feldzug als beendigt angesehen haben. Das Auftreten Hermanns gegen das Ende desselben, verlängerte ihn. (Zu vergl. S. 48 oben.)

k) Darin, daß dem Kampfe nach der Besichtigung des Schlachtfeldes größere Bedeutung beizulegen sei, der Erfolg wenigstens für einen Sieg der Germanen spreche, kann dem Verfasser nur beigestimmt werden. Es ist aber auch stets im Auge zu halten, daß die Deutschen Sieger geblieben, sollen die Ereignisse nach dem Kampfe richtig aufgefaßt werden. — Denken wir uns das römische Heer in der Gegend zwischen Ems und Lippe, oder gar noch weiter östlich, wo nicht total geschlagen, doch gezwungen das Feld zu räumen. Daß die Deutschen, siegesmuthig, ihm auf den Fersen folgten, ist selbstverständlich, geht auch aus den vorliegenden Nachrichten hervor. Durfte ein Heer, das den Deutschen gegenüber das Feld nicht hatte behaupten können, sich während des Rückzuges in verschiedene Korps auflösen? Ist es glaublich, daß Germanicus die Abtheilung unter Cäcina, fast die Hälfte seines Heeres entlassen haben sollte, bevor er sich und seine Legionen in Sicherheit sah? Wäre die Cäcinasche Abtheilung sich selbst überlassen, nicht gleichsam der Feinde Preis gegeben? In der Seite 84 oben beschriebenen Gegend zwischen dem Burtanger Moor und der Ems wäre Germanicus allein im Stande gewesen, sich der Feinde zu entwehren; aber wie wurde es Cäcina möglich geworden sein, sich von dort aus einen Weg durch das Bruktererland nach dem Rheine zu bahnten? Das vereinigte römische Heer ober auch ein Theil hätte sich in der eben bezeichneten Gegend längere Zeit halten können, aber der Winter war nicht fern, die Rückkehr nach dem Rheine sollte erfolgen. Germanicus zog mit seinen Legionen, Pedo mit der Reiterei ab, Cäcina mußte ebenfalls nach dem Rheine zurück; für ihn stand kein anderer sicherer Weg offen, als der durch's Burtanger Moor. (S. 80 f. oben.)

In den Terrainstudien wird auf das Alles zu wenig Rücksicht genommen. Ueber den Rückzug enthalten sie Folgendes: „Der Rückzug der Römer ward jedenfalls eine Zeit lang vereinigt ausgeführt, denn schwerlich wird eine Theilung nach der mindestens unentschiedenen Schlacht vorgenommen sein, größere Verluste provocirend. Aber, die Theilung muß vor dem Einschiffungsplatze erfolgt sein, sonst würde Cäcina von Rheina den alten Weg über Borken marschirt sein. Möglicherweise kann dessen Entsendung mit 4 Legionen aus der Bielefelder oder Osnabrücker Gegend angenommen werden, und zwar, damit ihm nicht auf dem näheren Wege über Münster und Dülmen Arminius zuvorkomme, dessen verständige seitwärtige Verfolgung auch wol zu dem Rathe veranlaßte, sich nicht an den langen Brücken zuvorkommen zu lassen. Diese langen Brücken, pontes longi, von Domitius Ahenob. angelegt, waren aber verfallen und an denselben in der Gegend zwischen Dülmen und Borken kam Cäcina in die bitterste Verlegenheit ꝛc. ꝛc." — Daß das römische Heer nothwendig eine Zeit lang zusammen bleiben mußte, wird zugegeben, aber die Theilung soll doch bald, bevor der Einschiffungspunkt erreicht war, erfolgt sein, weil — sich sonst kein Grund auffinden läßt, der Cäcina von Einhaltung des alten bequemen Weges von Rheine nach Borken habe abhalten können. Wo die Armee sich theilte, wird nicht bestimmt ausgesprochen; möglicherweise, heißt es, kann die Entsendung Cäcina's aus der Bielefelder oder Osnabrücker Gegend angenommen werden. Bielefeld und Osnabrück sind gegen 20 Meilen vom Rheine, 15 Meilen von der Gegend zwischen Dülmen und Borken, in welcher die pontes longi angenommen werden, entfernt. Das vereinigte römische Heer hatte den Deutschen gegenüber nicht Stand halten können, — Cäcina allein soll aber die bedeutende Strecke von 15 Meilen, — 3 bis 4 Tagemärsche, — unangefochten zurückgelegt haben. Von Osnabrück hätte der Weg über Ahaus, Borken, durch eine Ebene mit Sandboden, von Bielefeld über Warendorf, Münster, südlich an Coesfeld, nördlich von Dülmen, ebenfalls auf Sandboden; genommen werden können, aber Cäcina wählt den nicht näheren Weg über Dülmen. Von hier konnte er Borken auf einem Sandwege erreichen, wenn er gerade aus marschirte, die hohe Mark (so heißt die Gegend, in welcher nach von Müffling die pontes longi lagen) umging, aber er macht lieber einen kleinen Umweg, und zieht durch das schwierige Terrain der oben genannten Gegend. (Zu vergleichen die Tafel IV. zu meiner größeren Schrift.) Auffallend ist, daß Germanicus vorausgesehen, Cäcina habe erst nach 3—4 Tagen einen Angriff zu erwarten und diesen daher ermahnte „sich nicht an den langen Brücken zuvorkommen zu lassen;" — auffallender noch, daß auch Hermann voraussah, wo Cäcina's Korps nach einigen Tagen eintreffen werde und sich daher in Eilmärschen dahin begab. Tacitus sagt, Hermann sei den Römern auf einem Richtweg zuvorgekommen. Welchen Umweg machten diese, — welchen näheren Weg schlugen die Deutschen ein? Cäcina hält an dem nach dem Kampfe bei den langen Brücken angelegten Lager den Soldaten vor, „wenn sie flöhen, so fänden sie noch mehr Wälder, noch tiefere Moräste." (Ann. I. 67.) Zwischen den vom Rheine nur 5 Meilen entfernten hohen Mark und diesem Flusse kennt man aber keine Moräste. — Es ließe sich noch Anderes anführen; aber das Gesagte wird genügen, die Unwahrscheinlichkeit der Annahme darzuthun.

Der Zug nach Aliso im Frühjahr 16 wird in den Terrainstudien weniger ausführlich besprochen. Aus Tacit. Ann. II. 5 folg. wissen wir, daß Germanicus einen Kriegszug gegen die Cherusken vorbereitete. Die betreffende Stelle ist S. 89 oben aufgenommen.

Germanicus ließ darnach zwischen dem Kastell Aliso und dem Rheine Grenzwälle u. s. w. anlegen. Die Werke werden neue genannt; die früher von Tiberius begonnenen (Ann. I, 50) müssen also von Germanicus nicht benutzt, oder in den Jahren 9 bis 15 von den Deutschen zerstört sein. Die jetzt noch an der unteren Lippe (Geschichten und Alterthümer des untern Germaniens von Dr. Fiebler, S. 168 f.) und zwischen Beckinghausen und Hamm, vorhandenen Ueberreste der Grenzwälle haben, ohne die Gräben an beiden Seiten, eine Breite von mindestens 60 Fuß und die beiden Kämme, worin sie auslaufen, eine Höhe von 5 bis 10 Fuß. Man denke sich einen solchen Wall vom Rheine bis Paderborn, wo der Verfasser der Terrainstudien Aliso annimmt, die Krümmungen mit in Anschlag gebracht, mindestens 25 Meilen lang. Darüber, wie die Ausführung der kolossalen Arbeit in verhältnißmäßig so ganz kurzer Zeit möglich gewesen, spricht sich der Verfasser nicht aus. Er sagt bloß: „Die Episode, — der Zug nach Aliso, — verlief ohne wichtige Ereignisse.... Es ist unmöglich mit einiger Wahrscheinlichkeit nachzuweisen, wie die 4 Legionen gegangen sind, die nicht zu Schiff waren, (d. h. wie sie nach dem Kriegsschauplatz an der Weser gekommen), wo sie sich mit dem Hauptheere vereinigten..... Es mag als wahrscheinlich, wenigstens als möglich angesehen werden, daß ein Heertheil an der Lippe zurückblieb, die Militairstraße neu einrichtete, wie erwähnt wird, und seinerzeit die Armee an der Weser erreichte, vielleicht durch den altbekannten Pfad der Dörenschlucht, deren Schrecken wol durch die vorjährige Recognoscirung auf ein billiges Maaß zurückgeführt worden."

Der Verfasser nimmt also auch, freilich nicht so bestimmt, wie v. W., das Zurückbleiben eines Theils der Legionen, die im Frühjahr 16 nach Aliso geführt wurden, an der Lippe und einen Marsch derselben von dort direkt nach der Wesergegend an; — in einer Hinsicht geht er weiter, wie v. W., er nennt die Zahl der Legionen, welche zurück geblieben sein sollen. —

Die Geschichte weiß von dem Allem nichts. Nach Ann. 2, 8 wurde das gesammte Heer — alle Legionen, welche den Feldzug an der Weser mitmachten und die Bundesgenossen, — auf dem Seewege nach der Ems befördert. Des Zurückbleibens eines Theils der Legionen, eines Marsches derselben auf dem Landwege wird mit keinem Worte gedacht. — Dem Verfasser schwebten wohl, wenn er sogar die Zahl der Legionen, die von der Lippe direkt nach der Weser gezogen sein sollen, zu vier angibt, die Legionen vor, welche Cäcina im Herbst vorher auf dem Landwege nach der Ems führte. Oder dachte er an die Legionen, welche, nach Beendigung des Feldzuges an der Weser, zu Lande nach den Winterquartieren zurückgeschickt wurden? (Ann. 2, 23). Der Marsch des angeblich an der Lippe zurückgebliebenen Heerestheils nach der Weser ist höchst unwahrscheinlich. Dieser Theil hätte, um an Ort und Stelle zu gelangen, mitten durchs Cheruskenland marschiren müssen. Hermann, dessen Feldherrn=Talent anerkannt wird, der es kurz darauf in zwei Schlachten mit dem vereinigten römischen Heere aufnahm, sollte eine durch sein Stammland marschirende Abtheilung ungehindert gelassen, nicht bekämpft haben? — Dieses Alles ist übrigens S. 46 oben schon besprochen.

Den Feldzug gegen die Cherusken im Sommer 16 betreffend sagt der Verfasser: „Für das Hauptheer (das Heer, welches zu Schiff nach der Ems geführt wurde) nehmen wir den vorjährigen Weg durch das Osnabrücksche in den Herforder Kessel an und zwar, weil derselbe bekannt war und weil außerdem der Marsch lippeaufwärts der einfachere gewesen wäre."

Die Gründe, welche zur Wahl des Seeweges bestimmten, finden wir Tacit. Ann. 2, 5. Germanicus erwog: „seine Leute litten nicht so sehr durch Wunden als durch die weiten Märsche und den Verlust an Waffen.... Der lange Gepäckzug begünstige die Ueberfälle und mache die Vertheidigung schwierig ıc. ıc." Germanicus wählte den Weg übers Meer, dann durchs Chaukenland, hauptsächlich wohl deshalb, weil er, denselben einhaltend, bis zum Eintreffen an der Grenze des Cheruskenlandes mit keinem Feinde zu schaffen hatte.

Der Verfasser der Terrainstudien nimmt an, Germanicus sei auch diesmal mit seinem starken Heere, dem sich noch die Schaaren der Chauken angeschlossen (Ann. 2, 17), über Osnabrück nach Herford marschirt. Das römische Heer wurde an der unteren Ems, anscheinend Emden gegenüber, ausgeschifft, dann nachdem eine Brücke geschlagen worden, ans rechte Ufer übergesetzt. Von dort mußte der Landweg eingeschlagen werden. Emden ist von Rheine gegen 18, diese Stadt von der Weser, etwa bei Rehme, 14 Meilen entfernt. Das römische Heer hatte also, wenn es erst auf Rheine, dann über Osnabrück, Herford nach der Weser zog, 32 Meilen, — nahm es den geraden Weg durch das Land der Chauken, Roms Bundesgenossen, etwa über Oldenburg, weiter längs dem linken Ufer der Hunte über Wildeshausen, Barnstorf, von dort, wo über die noch unbedeutende Hunte gesetzt werden mußte, nach Diepenau, Minden, nur 23 Meilen zurückzulegen. Dieser nähere Weg wird eingeschlagen sein. Derselbe hatte noch den Vortheil, daß die gebirgige Gegend zwischen Rheine und der Weser umgangen wurde, und das Heer die Leda und Hase nicht zu überschreiten brauchte.

Die Behauptung, daß den Römern der Weg über Osnabrück u. s. w. bekannt gewesen, braucht wohl nicht weiter besprochen zu werden, da sie sich lediglich auf die gewiß unhaltbare Annahme stützt, Germanicus sei im Herbst vorher auf diesem Wege in das Cheruskenland eingedrungen.

Nach dem Eintreffen des römischen Heeres an der Weser kam es zwischen demselben und den Cherusken zu blutigen Schlachten. Eine Ermittelung der Felder, welche zum Kampfplatz dienten, habe ich, weil mir die Gegenden an der mittleren Weser zu wenig bekannt sind, bisher nicht versucht. Deshalb fehlt es mir jetzt auch an Veranlassung, auf die Annahme des Verfassers der Terrainstudien in Betreff dieses Gegenstandes einzugehen.

---

Eine spezielle Karte des nordwestlichen Deutschlands, mit Angabe der im Vorhergehenden besprochenen Orte und der Marschlinien der römischen Heere würde meine Annahme anschaulicher machen. Die Herausgabe wurde bisher durch verschiedene Umstände verhindert; vielleicht gelingt sie später. Inzwischen lassen sich die Marschlinien auf jeder speziellen Karte von Westfalen und der zunächst daran grenzenden Länder verfolgen, wenn man sich:

a) den Lauf der Lippe und Ems, die Lage von Lünen, Hamm, Beckum, Rietberg, Rheine, Meppen und Rehde, den Gebirgsrücken an der Nordgrenze des Süder- oder Sauerlandes, unter dem Namen Haarstrang bekannt, das Osninggebirge, gewöhnlich noch Teutoburger Wald genannt, das Burtanger Moor am linken Ufer der Unterems und das von demselben nach Osten, Süden und Norden eingeschlossene Ländchen Westerwolde merkt; und

b) beachtet, daß Aliso ¼ Meile westlich von Hamm, an der früheren Ahsemündung, — das Sommerlager des Varus im Jahre 9 an der Westseite der Weser, etwa bei Rehme, — den Ort der Niederlage seines Heeres in der Gegend zwischen Beckum und der Lippe, — die pontes longi im westlichen Theile des Burtanger Moores zwischen Terhaar und Valte, angenommen werden.

Es wird dann leicht zu übersehen sein, daß die Züge der römischen Heere nach meinen Annahmen in folgender Art ausgeführt wurden.

1) Drusus Zug im Jahre 11 vor Christus. Von Vetera aus dem linken Ufer der Lippe entlang bis nahe bei Hamm; nachdem hier eine Brücke über den Fluß geschlagen worden, in südöstlicher Richtung nach dem Haarstrang, weiter über das Plateau dieses Gebirgszuges bis in die Gegend von Paderborn, hierauf durch die Thäler östlich dieser Stadt, oder durch die Dörenschlucht bei Detmold bis an die Weser, etwa bei Höxter; — Rückzug auf demselben Wege, Schlacht während desselben am Haarstrang, im Balloh, 1 Meile südlich von Soest\*), dann Fortsetzung des Rückmarsches bis zur Lippebrücke bei

---

\*) v. Ledebur nimmt Arpesfeld oder Erpesfeld als den Ort an, den Plinius Arbalo nennt. (Das Volk der Brukterer S. 301.) Dieses Erpesfeld lag auch am Haarstrang (zwischen Gesecke und Rüthen) gegen 1½ Meilen östlich vom Balloh.

Hamm, Erweiterung der Befestigungen an beiden Seiten der Brücke zu einem Kastell (Aliso), endlich Rückkehr nach dem Niederrhein.

2. Varus Zug im Jahre 9 nach Christus. Marsch nach der Weser in derselben Richtung, die Drusus einhielt; — Rückmarsch von der Schlucht bei Bielefeld aus, oder durch den Dörenpaß, nicht wie auf dem Hinwege über den Haarstrang an der linken, sondern an der rechten Seite des Lippeflusses bis in die Gegend südlich von Beckum. Niederlage.

3. Tiberius Zug in den Jahren 11 oder 12 nach Chr. Von Vetera aus bis Alten=Lünen, am rechten Ufer der Lippe. Hier muß in den Jahren 10 vor bis 9 nach Chr. eine Brücke über den Fluß geschlagen sein; die bedeutenden alten Werke zwischen Alten=Lünen und Hamm liefern den Beweis, daß der Weg von Alten=Lünen aus nicht am rechten Ufer des Flusses blieb, sondern auf das linke über=ging. Von dem letztgenannten Orte aus setzte Tiberius den Marsch nur bis Aliso (bei Hamm) fort. In der Umgegend von Aliso ver=weilte er einige Zeit; dann kehrte er nach dem Niederrhein zurück.

4. Germanicus Zug gegen die Marsen im Jahre 14 nach Chr. Marsch bis nach Aliso in der unter 3 angegebenen Art. Von dort nach Fahnen oder ten Fahnen 1 Meile westlich von Soest, wo das Heiligthum stand, welches Tacitus „templum Tanfanæ" nennt. (Ann. I. '49 f.) Dann Verheerung des Landes zwischen Lippe und Ruhr, — und Rückmarsch über Aliso nach dem Rheine.

5. Germanicus Zug gegen die Chatten im Frühjahr 15. — Von Mainz über das Taunusgebirge bis an die Eder, Ueberbrückung derselben, Verheerungen in der Gegend an der Nordseite des Flusses, dann Rückkehr nach dem Rhein. Auf Segestes Ersuchen Wiederho=lung des Marsches zur Eder und weiter nördlich; nachdem Segestes befreit, wurde das Heer wieder nach dem Rheine, (nach Mainz) geführt.

6. Cäcina's Zug im Frühjahr 15. — Während Germanicus die Chatten bekriegte, zog Cäcina nach dem Lande der Marsen auf dem unter 4 beschriebenen Wege.

7. Germanicus Zug im Herbst 15. (S. 37 oben.) Nachdem die Armee=Abtheilungen an der unteren Ems am linken Ufer des Flusses bei Rehbe und einige Meilen weiter südlich zusammen getroffen waren, zogen sie vereint von dort dem linkem Ufer der Ems entlang über Emsbüren, Rheine, Telgte, Warendorf, Rheda, bis in die Ge=gend von Rietberg, oder auch etwas weiter östlich, — hierauf in süd=

westlicher Richtung nach dem varianischen Schlachtfelde zwischen Beckum und der Lippe. Dann erfolgte, weil Hermann nachgerückt war, wieder ein Vorgehen in östlicher Richtung; — nach einem Treffen mit den Cheruskern Rückzug des vereinigten römischen Heeres an die Unterems.

8. Cäcina's Zug im Herbst 15. Hinmarsch vom Niederrhein über Borken, Stadtlohn, Ahaus, Schüttorf, Emsbüren bis etwa Langen. Dann in Verbindung mit Germanicus und Pedo der unter 7. angeführte Zug und Rückzug an die untere Ems. Nachdem die Gesammtarmee sich getrennt hatte, marschirte Cäcina über Rehde, Fort Burlange, Sellingen, Terhaar, von hier über die langen Brücken im Moore (Kampf auf und neben denselben) nach Valte, weiter über Coverden u. s. w. nach dem Niederrhein.

9. Vitellius Zug. Derselbe wie der unter 7 bis zur Wiedereinschiffung der Legionen unter Germanicus unmittelbarem Befehl. Vitellius zog dann mit zwei Legionen über Bonda, Neuschanz u. s. w. durch Westfriesland bis an die Mündung der Hunse, wo er Germanicus mit der Flotte traf.

# Nachtrag.

Seite 111 f. oben ist der auf den Feldern westlich der Stadt Beckum gemachten Funde Erwähnung geschehen. Neuerdings (im Monat September 1862) sind wieder Nachgrabungen vorgenommen. Ueber das Ergebniß dieser und der früheren Untersuchungen Folgendes:

Beim Bau der Chaussee von Beckum nach Hamm, welcher vor etwa 25 Jahren ausgeführt wurde, sind, wie oben schon angeführt worden, auf der Strecke 10 bis 20 Minuten westlich von B. hie und da einzelne Leichen und Waffenstücke ausgegraben. Im Frühjahr 1860 wurde ein an der Chaussee liegendes von B. 12 Minuten entferntes Grundstück, das im Nachstehenden mit I. bezeichnet werden wird, drainirt. Dabei kamen verschiedene Leichen und Pferdegerippe, auch Waffen und dergleichen zum Vorschein. Die Königl. Preuß. Regierung ordnete darauf eine Untersuchung an, welche im Herbst 1861 erfolgte. Sie konnte aber nur in beschränkter Weise ausgeführt werden, da der Besitzer des Grundstücks I. bloß die Anlegung noch einiger Gräben für Drainröhren gestattete. Inzwischen war das Ergebniß doch der Art, daß die Königl. Regierung die Geldmittel zur vollständigen Umgrabung einzelner Felder bewilligte. Diese fand wieder Hindernisse, da der größere Theil des Grundstücks I. mit Klee besäet ist, und der Besitzer die Umgrabung nur gegen eine unverhältnißmäßig hohe Entschädigung erlauben wollte. Es sind jedoch die an das Kleefeld östlich und westlich grenzenden Felder durchgegraben, und dabei wieder mehrere Leichen und Pferdegerippe, dabei auch Waffen und andere Sachen gefunden.

Im Herbst 1861 wurde nebenbei auf einem 5 Minuten von dem Felde I. entfernten Ackerstücke, das wir hier mit II. bezeichnen wollen, nachgegraben. In demselben fanden sich auch Leichen und Pferdegerippe, aber ohne alle Beigaben. Dieses Grundstück ist verpachtet; weil der Pächter es gerade mit Roggen besäet hatte, wollte er jetzt (September 1862) Nachgrabungen darin nicht gestatten. Es wurden jedoch, da das Ackerstück etwa 4 Fuß höher liegt, wie die Chaussee, in dem Abhange nach diesem hin Untersuchungen angestellt und einige Pferdegerippe ohne Trensen und dergl. ausgegraben.

15 Minuten nördlich von den Feldern I. und II. liegt eine Weide. Der Wall an einer Seite derselben ist zum Theil mit Menschenknochen angefüllt. Untersuchungen darin sind bisher unterblieben. Sie würden zu hohe Kosten veranlassen, und auch, da, wie sich schon gezeigt hat, nur Haufen von durcheinander liegenden Knochen angetroffen werden, keine Erfolge haben.

Ein Landwirth, welcher 30 Minuten westlich von dem Felde I. wohnt, hat vor zwei Jahren neben seinem Hause einen neuen Keller anlegen lassen und beim Auswerfen der Erde eine Knochenschicht angetroffen, deren Höhe er auf $3^{1}/_{2}$ Fuß schätzt. Die Knochenschicht reicht nach seiner Versicherung noch weiter südlich; die Stelle ist aber überbaut und deshalb sind Untersuchungen darin kaum möglich.

Auf dem Felde I. liegen die Leichen (sämmtlich nur von mittlerer Größe) mit dem Kopfe nach Süden, — etwa nach Südwesten, — mit den Füßen nach Norden, 1 bis 2 Fuß tief, ohne alle Bedeckung, auch nicht von Steinen oder dergl. nach den Seiten geschützt. Nur eine Leiche, die ganz zusammengekrümmt war, lag mit dem Kopfe nach Südosten. Einige Leichen sind, wohl offenbar, bevor sie begraben oder eingesunken, bedeutend verletzt. An einer Stelle fanden sich zwei Menschenschädel so in einander gedrückt, daß man rechts und links Augen-, Nasen- und Mundhöhlen, diese mit allen Zähnen erblickte. Bei drei Leichen war die untere Kinnlade vom Obertheile des Schädels ganz abgerissen und lag 6 bis 10 Zoll davon entfernt. Eine Leiche hatte das Gesicht nach Westen, die gebogenen Knie nach Osten gerichtet. An anderen Leichen schienen die Arme oder Beine beschädigt. — Von den Pferdegerippen lagen einige auf dem Rücken, andere auf der Seite, — die meisten mit dem Kopfe nach Norden, mit den Füßen nach Süden, nur einzelne mit dem Kopfe nach Osten. Bei keinem fanden sich Hufeisen oder Stegbügel.

In dem Grundstücke II. fanden sich 1861 die Leichen 3 Fuß tief, mit dem Kopfe nach Norden, mit den Füßen nach Süden gekehrt.

Bei einigen Pferdegerippen zeigte sich, daß sie wahrscheinlich in den Boden eingesunken sind. Der Kopf lag nehmlich gegen 1¼ Fuß höher, wie der schwerere Rumpf. Der Boden des Feldes I. ist noch an einigen Stellen feucht; einzelne Gräben füllten sich bald, nachdem sie ausgeworfen waren, auf dem Boden mit Wasser.

Die menschlichen Skelette und die Pferdegerippe liegen in Zwischenräumen von 8 bis 30 Fuß von einander, aber nicht in besonderen Reihen oder Abtheilungen. Auf einem 28 Fuß breiten Ackerrücken, der die Richtung von Norden nach Süden hat, wurde z. B. erst in der Mitte eine Leiche, dann 21 Fuß weiter südwestlich ein Pferdegerippe, von letzteren 22 Fuß entfernt wieder in derselben Richtung eine Leiche, hierauf 12 Fuß, dann 9 Fuß weiter immer in der nehmlichen Richtung, Pferdegerippe losgedeckt. Einige Stellen enthalten nur Waffen und Schmucksachen, aber keine Leichen. In einer Gruft lag neben einem Pferde= ein Hundegerippe.

Beigaben fanden sich bisher nur bei den Nachgrabungen auf dem Felde I. Davon sind anzuführen:

1) zwei große zweischneidige Schwerter, mit den Griffen 2⅔ und 2 Fuß lang;
2) fünf kleinere einschneidige Schwerter, 1¼ bis 1⅔ Fuß lang und mehrere Dolche oder Messer;
3) verschiedene Lanzen oder Speerspitzen, 1 bis 1½ Fuß lang;
4) ein kleines eisernes Beil mit rundem Loch für den Stiel; das Beil ist 7½ Zoll lang, an der Schneide 2¾ Zoll breit, oben nicht geradlinig, sondern etwas nach unten gebogen;
5) eine Pfeilspitze von Eisen, 6½ Zoll lang; das Blatt hält 1 Zoll;
6) mehrere Trensen von Eisen, mit Ringen oder Stäben an den Seiten;
7) eine Trense von Bronze, wie die unter 6 mit einem Gelenk in der Mitte; an jeder Hälfte sitzt am Ende ein Ring und daran eine Art Kugel von etwa 8 Linien im Durchmesser, die in der Mitte ausgehöhlt, nach Außen mit Plättchen, die einen Ring bilden, versehen ist;
8) zwei Rosetten zum Pferdegeschirr von Bronze, mit Verzierungen, jede im Durchmesser 1 Zoll 7 Linien haltend;
9) zwei ähnliche von Eisen in der Mitte mit Bronzeknöpfen von zwei Linien im Durchmesser;

10) zwei Stücke von Bronze, einem viereckigen Stern ähnlich, mit Scheibchen an den vier Ecken; auf jedem der 1¼ Zoll langen und breiten Stücke zeigt sich ein anderes 11 Linien lang und breites und in diesem noch ein kleineres Viereck, 8 Linien lang und breit; die Flächen zwischen den Vierecken sind hübsch verziert; (Abbildung in wirklicher Größe auf beiliegender Tafel Nr. 3.)
11) 16 Stück Nägel oder Knöpfe von Bronze, mit plattem rundem Kopf von 6 Linien im Durchmesser;
12) 5 Streifen von Bronze, am Rande mit Pünktchen und kleinen Dreiecken verziert, lang 4⅔, 2½, 2 und 1⅔ Zoll, sämmtlich ½ Zoll breit, mit Stiften zum Anheften; (Abbildung im Anhange Nr. 4.)
13) 2 Stücke von Bronze, jedes 2 Zoll lang, Löffelchen ähnlich, oben mit einer Falze, womit sie am Leder befestigt werden konnten; vom Leder fanden sich auch Spuren;
(Die Stücke unter 10 bis 13 lagen zusammen um den Hals eines Pferdegerippes und dienten ohne Zweifel zur Verzierung des Riemenzeuges; die Bronze, Kupfer mit einem geringen Zusatz von Zinn, ist versilbert.)
14) ein plattes Stück Eisen, 4 Linien breit, 4 Zoll lang, in der Mitte mit einer kleinen vorspringenden Schneide, den Instrumenten ähnlich, welche jetzt noch zum Aderlassen der Pferde gebraucht werden;
15) zwei Stücke von Bronze, anscheinend die Scheide einer dabei gefundenen Lanzette von Bronze; diese hat in der Mitte, jedoch nur nach einer Seite einen Grad und ist 2 Zoll 5 Linien lang;
16) eine kleine Zange oder Pinzette (volsella) von Bronze, ungefähr 4 Zoll lang, noch elastisch; jeder Arm hat die Zeichen XIX; (Abbildung auf der angehängten Tafel Nr. 1.)
17) eine andere Pinzette von Bronze, 3⅛ Zoll lang mit dem Zeichen II XIII. 1;
18) ein Medaillon oder Theil einer Brosche von Bronze, kreisrund, mit zwei inneren Kreisen, zwischen den Kreisen kleine Feldchen, die mit verschiedenartig gefärbten Blättchen von Glas oder Glasfluß ausgefüllt sind; Durchmesser des äußeren Kreises 1 Zoll 8 Linien, des zweiten 1 Zoll 2 Linien, des inneren 7½ Linien;
19) eine Schnalle von Bronze, verziert, 2½ Zoll lang; die Zunge hat Aehnlichkeit mit einer Hand;

20) eine Brosche von Bronze, 2¼ Zoll lang, ganz der ähnlich, welche auf Tafel IX. zu dem Werke „Denkmäler von Casta vetera" Nr. 12, abgebildet ist; die Nadel fehlt daran; (Abbildung unter Nr. 5.)
21) zwei Stücke von Bronze, jedes 1 Zoll 1 Linie lang, anscheinend Vordertheile von Broschen, von der Gestalt eines Adlers; Abbildung eines Stückes auf der Tafel Nr. 2.
 (die Stücke unter 19 bis 21 lagen auf der Brust einer Leiche.)
22) 14 Stücke von Bronze, augenscheinlich Theile von Broschen oder Schnallen; die Bronze besteht aus einer Mischung von Kupfer und Zinn;
23) eine Schnalle von weißgelber Bronze, ohne Dorn, 1 Zoll 2 Linien lang, ¾ Zoll breit, mit glänzendem blaugrünem Edelrost überzogen;
24) ein Stück Bronze, in der Mitte ausgehöhlt, ungefähr wie ein kleiner Doppelhammer gestaltet, 1¾ Zoll lang, auch mit glänzendem Edelrost, anscheinend der obere Theil des Griffs eines Schwertes;
25) gegen 200 Stück s. g. keltische Korallen aus Glasfluß, Kiesel, terra cotta u. s. w. zum Theil mit allerhand Verzierungen von 1 bis 5 Linien im Durchmesser, rund, länglich rund, aber nicht scheibenförmig, blau, hellblau, gelb roth, braun gefärbt;
26) eine Scheere von Eisen, 7 Zoll lang, einer Wollscheere ähnlich; die Schneiden haben eine Länge von 3 Zoll;
27) Bruchstücke eines gläsernen Gefäßes ohne Henkel, oben 3 Zoll 7 Linien breit, unten spitz zulaufend, also ohne Fuß; das Glas ist blasig, von gelbgrünlicher Farbe, 1⅓ Zoll vom Rande ab zart gerippt; Höhe des Gefäßes 6½ Zoll;
28) eine Münze von Kupfer mit Goldblech überzogen, hoch 7, breit 6 Linien. Sie lag ½ Zoll über dem untersten Theile der Bauchhöhle einer Leiche. Auf einer Seite zeigt sie eine vollständige menschliche Figur mit unbedecktem Haupte, über dem jedoch eine Art Decke schwebt und mit einem eng anschließenden Rocke bekleidet. Die Figur hält in der linken Hand einen Stab, 3 Linien lang, mit einem Querbalken, kaum eine Linie breit. Von dem senkrecht stehenden Balken fallen auf den oberen Theil (über den Querbalken) nur ⅔ Linie, auf den unteren Theil 2⅓; derselbe ist etwas gebogen; an dem oberen Ende desselben und an beiden Enden des Querbalkens befinden sich kleine Scheiben oder Kügel=

chen. Zwischen diesem einem Kreuze ähnlichen Stabe und der Figur sieht man ein Instrument, das mit einer Zange oder einem Löffel Aehnlichkeit hat. Die rechte Hand der Figur hält nichts; über derselben ist aber eine oben spitz zulaufende Kopfbedeckung angebracht, ähnlich dem galerus der römischen Priester, oder einem Bischofshut, darunter ein verschobenes Dreieck, das anscheinend ein Gefäß darstellen soll. Die Umschrift besteht aus fremdartigen Zeichen, wovon einzelne mit griechischen Buchstaben Aehnlichkeit haben. — Auf der anderen Seite steht wieder eine vollständige menschliche Figur unter einer Art Balbachin. Dieser ist nach Innen aus zwei oben sich berührenden gekrümmten Stäbchen, jedes von der Gestalt eines litus, nach Außen aus einem länglichen Halbkreise von Kügelchen oder Perlen zusammengesetzt, der an beiden Seiten mit einem Bändchen endet, woran ein Kügelchen hängt. Von der Figur, die mit einem nicht eng anschließenden Rocke bekleidet ist, erkennt man nur den unteren Theil deutlich. An der linken Seite der Figur sieht man ein freistehendes Kreuz, 2 Linien lang, dessen Hauptbalken etwas gekrümmt ist und auf einer kleinen Kugel ruht; die Spitze und der Querbalken enden wieder in kleinen Scheiben; zwischen demselben und der Figur findet sich noch ein halbmondförmiges Zeichen, $^1/_2$ Linie hoch. Zur rechten Seite der Figur bemerkt man wieder eine Art Kreuz, $1^1/_3$ Linie hoch, mit kleinen Scheiben an der Spitze und an den Enden des Querbalkens. Eine Umschrift fehlt auf dieser Seite, dagegen zeigt sie mehrere Kügelchen, an zwei Stellen in ein Viereck zusammengestellt.

Die Münze gehört zu denjenigen falschen, welche in den ältesten Zeiten häufig vorkamen und gefütterte Münzen genannt werden.

Außer diesen sind noch manche andere Stücke gefunden, u. A. Schnallen von Eisen mit bronzenen Zungen, eiserne und bronzene Ringe von 1 bis 2 Zoll im Durchmesser, eiserne Pfriemen, einer mit Oese am oberen Ende, Ueberreste von eisernen Ketten und dergleichen. Bei mehreren Leichen wurden Gefäße von Thon angetroffen, leider aber fast sämmtlich nur in Trümmern. Einige sind, so weit es sich thun ließ, zusammengeleimt; sie haben eine Höhe von 5 bis 7 Zoll, und sind in der Mitte weiter, wie am Rande und Fuße. Verzierungen fehlen auf einigen, auf anderen bestehen sie aus Reifen um den Hals oder aus kleinen senkrecht stehenden sehr regelmäßig angebrachten

Strichen, die in Kreisen den oberen Theil der Gefäße umgeben. Der Thon ist mehr oder minder fein, nicht mit Quarzkörnern untermischt, bei einigen dem unseres Steinguts ähnlich, von schwarzer, grauer, und etwas in's Rothe fallender Farbe. Am Fuße der Leiche, bei welcher die unter 19 bis 21 oben abgeführten Stücke aber keine Waffen angetroffen wurden, standen: a) 1 Topf von hellrothem Thon, 7½ Zoll hoch; der Rand hält nach Außen 5, nach Innen 3, der Bauch 7, der Boden 3 Zoll im Durchmesser, — die Wand des Bauches ist 1¼ Linien dick; der Rand, gut erhalten, hat sich vom unteren Theile, der geborsten ist, abgelöst; b) Stücke eines Napfes von demselben Thone mit nach Innen gebogenem Rande; die Wände sind stark und 4 Linien dick. —

Die Nachgrabungen sind nun, wenigstens vorerst, beendet. Was sie ergeben haben, berechtigt m. E. noch nicht zu einer endgültigen Entscheidung darüber, auf welche Art die Leichen, Pferdegerippe u. s. w. in den Boden gerathen. Es kommen nur Leichen ausgewachsener Personen vor; sie finden sich ziemlich weit von einander entfernt, (8 bis 60 Fuß), in geringer Tiefe, ohne alle Bedeckung, hier mit, dort ohne Waffen oder Schmucksachen, an einer Stelle mit dem Kopfe ungefähr nach Süden, an der anderen nach Norden; sie sind zum Theil verstümmelt; zwischen denselben liegen Pferdegerippe. Die größere Wahrscheinlichkeit spricht deshalb dafür, daß die Leichen nicht förmlich begraben worden; sie scheinen vielmehr in einem Kampfe gefallen zu sein. Die Felder, welche die Ueberreste enthalten, liegen 5 bis 15 Minuten und darüber von einander getrennt; daraus läßt sich schließen, daß an verschiedenen Stellen Gefechte stattgefunden haben. Die Leichen, wobei sich Waffen und dergleichen finden, mögen, nachdem sie gefallen, von ihren Kameraden nothdürftig mit Erde bedeckt, oder in den feuchten Boden eingesunken, — die ohne Waffen und sonstiges Beiwerk ihrer Sachen beraubt sein, bevor sie eingescharrt wurden.

In welche Zeit, wird man fragen, fallen denn die Kämpfe, in welchen die Krieger und überhaupt Angehörige eines Heeres fielen, deren Gebeine hier ruhen? Wir können, wollen wir Vermuthungen darüber wagen, nur auf die Schlachten und Treffen das Augenmerk richten, welche wahrscheinlich oder nachweisbar im östlichen Theile des ehemaligen Bruktererlandes, wovon der jetzige Kreis Beckum einen Theil ausmacht, vorgefallen sind.

Wie der Inhalt dieser Schrift ergiebt, wird der Ort der Niederlage des römischen Heeres unter Varus von mir in der Gegend zwischen Beckum und der Lippe angenommen. Die Felder, auf welchen nach dieser Annahme das varianische Heer erlag, liegen 1 bis 1½ Stunde südlich und südwestlich von den, in welcher jetzt die Leichen u. s. w. angetroffen worden. Wenn sich herausstellt, daß die gesammelten Waffen und sonstigen Sachen, mit denjenigen übereinstimmen, welche zur Zeit dieses Kampfes in Gebrauch waren, so ist doch nur Grund zu der Vermuthung vorhanden, daß die Ueberreste von einem Seitenkorps oder von Flüchtlingen des römischen Heeres herrühren; — weil Leichen und Pferdegerippe angetroffen werden, wahrscheinlich von der Reiterei. Diese, welche vom Schlachtfelde floh, konnte nur eine nördliche Richtung einschlagen; ihr Weg führte also über die Felder westlich von Beckum; sie muß auf der Flucht bedeutende Verluste erlitten haben, da ja selbst ihr Anführer fiel, diejenigen, welche er im Stich gelassen, nicht überlebte. (Vellejus II, 119.)

Daß ferner, 6 Jahre nach der Schlacht, (im Herbst 15) in der Gegend zwischen Ems und Lippe blutige Treffen vorfielen und große Verheerungen angerichtet wurden, steht geschichtlich fest. (Seite 38 oben.)

Auch in späterer Zeit sind im Bruktererlande Kriege geführt, — in welchem Theile desselben wissen wir freilich nicht. Der Kaiser Constantin verfolgte ein Heer der Bructerer, das in Gallien eingefallen war und zurückgedrängt wurde, bis in sein Heimathland und besiegte es hier 306 in einer Schlacht. Der römische Feldherr Arbogast, ein geborner Franke, verheerte im Jahre 392 das Bruktererland. Manche Treffen mögen noch während der ersten Jahrhunderte unserer Zeitrechnung in diesem Lande geliefert sein, wovon die Geschichte nichts meldet. — Wann die Kämpfe stattgefunden, deren Spuren in den durchsuchten Feldern bei Beckum angetroffen werden, müssen die gefundenen Waffen und sonstigen Sachen ergeben. Noch herschen aber Zweifel darüber, aus welcher Zeit, von welchem Volke sie stammen. Einige schreiben sie den Römern, Andere den Deutschen, (Franken oder Sachsen) zu. Die bisher von mir angestellten Untersuchungen ergaben Folgendes:

Von den Waffen scheinen einige mit römischen andere mit fränkischen übereinzustimmen; u. A. sind das Beil (Nr. 4 oben) die Pfeilspitze (Nr. 5) und einige Lanzen- oder Speerspitzen römischen ganz ähnlich. Die Schwerter betreffend, hält es bekanntlich schwer, römische von anderen zu unterscheiden. Dr. Keller sagt darüber in den „Mittheilungen der antiquarischen Gesellschaft in Zürich", Band XII,

Heft 3 S. 153. „Bei der Bestimmung der Herkunft eines vormittelalterlichen Schwertes werden gewöhnlich die auf römischen Sculpturen erscheinenden Abbildungen und die bei Polybius, Livius, Vegetius und anderen Schriftstellern zu findenden Beschreibungen dieser Waffe, ferner die Art und Beschaffenheit der etwa zugleich mit dem Schwerte hervorgegrabenen Dinge, endlich die Landesgeschichte zu Rathe gezogen, welche über die frühere Bevölkerung und deren muthmaßliche kriegerische Ausrüstung Aufschluß gibt. Es ist aber bekannt, daß sich mit allen diesen Hülfsmitteln nicht mit Bestimmtheit entscheiden läßt, ob ein Schwert einem nichtrömischen oder römischen Krieger angehört habe, und aus welcher Zeit es herstamme. Noch existirt kein specielles Werk über die Bewaffnung der Römer und der mit ihnen verbündeten Völker und die im Laufe der Zeit in derselben eingetretenen Veränderungen. Betreffend die in den Sammlungen aufbewahrten Schwerter herschen sehr häufig sehr abweichende Ansichten, da das Kurz oder Lang, Spitzig oder Stumpf einer Klinge sehr verschiedenartig aufgefaßt wird."

Von den Broncesachen können einige der Form, den Verzierungen und der Mischung nach, auch wegen des vorzüglichen glänzenden Edelrostes auf einigen Stücken wohl als römische angesehen werden. Dürften, was aber bestritten wird, die Zahlen auf den Pinzetten Nr. 16—17 als Legionszeichen gelten, so wären wir wenigstens darüber im Reinen, daß diese römischen Aerzten angehört haben. Die Lanzette Nr. 15 hat mit dem chirurgischen Instrumente Aehnlichkeit, welches die Römer corvus nannten. Die Brosche Nr. 20 ist, wie oben schon bemerkt worden, von der Form einer römischen. Die beiden Stücke, welche kleine Adler darstellen (Nr. 21), haben Aehnlichkeit mit römischen Schmucksachen (Denkmäler von Castra vetera, Tafel 22 Nr. 1), aber auch mit fränkischen (Cochet, sépultures romaines, franques etc. S. 268).

Korallen der Art, wie die von B. sind auch in römischen Gräbern bei Xanten gefunden. (Denkmäler von c. v. Tafel 22 Nr. 2.)

Was die Töpfe betrifft, welche bei B. mitausgegraben worden, so scheint es zweifelhaft, welcher Zeit sie zugeschrieben werden können. Aehnliche sind in deutschen und auch in römischen Gräbern gefunden. Gewiß ist, daß die römischen Soldaten im Felde auch mit Töpfen versehen waren. (Rich, Dictionnaire des antiquités romaines, Art. „Impediti", Nast, römische Kriegsalterthümer S. 162, — du Choul, Castramentation des Romains S. 21.)

Am meisten scheint die Münze (Nr. 28 oben) mit ihren kreuz-ähnlichen Zeichen, die einzige, welche in der Nähe einer Leiche angetroffen worden, gegen ein hohes Alter zu sprechen. Es ist inzwischen nicht ganz unmöglich, daß sie in späterer Zeit in den Boden gerathen. Verfälschte Münzen der Art kamen übrigens schon in den ältesten Zeiten vor. Das Werk „Die Kenntniß antiker Münzen" von M. Rasche enthält im 3. Theile darüber in dem Artikel: „Römische Silbermünzen" S. 52 Nachstehendes:

„Desto üblicher war die Verfertigung solcher Münzen, deren eigentliche Bestandtheile Kupfer und Eisen waren, ein dünnes Silberblech aber den inneren schlechten Gehalt nur verdecken sollte. Man hat ihnen überhaupt den Namen gefütterte Münzen (**pelliculati numi**) gegeben. War die Unterlage von Eisen, so hießen sie **subferrati**, und wenn die Unterlage von Erz war, **subaerati**. So angelegen es sich auch die drei zu dem Münzwesen bestellten Männer (**triumviri monetales**) bei dem Wohlstande der freien Republik sein ließen, diese Verfälschung des Silbergeldes völlig abzustellen, so wenig konnten sie doch den Betrug völlig hindern. Bis zu den Zeiten des Kaisers Gallienus wird man dergleichen verfälschte Silbersorten antreffen."

„Die betrügliche Ausfütterung der Münzen mag die Gelegenheit zu den gezackten (**serrati**) Münzen geworden sein. Durch den Einschnitt in den Rand konnte man am zuverlässigsten erfahren, ob der Denarius von richtigem Gehalt war ꝛc. Tacitus führt schon Germania 5 dieses Wort an."

Ferner in dem Art: „Römische Münzen aus unedleren Metall" S. 62:

„Desto zuverlässiger ist der Betrug mit einigen Bleimünzen, welche übersilbert waren. Man wird in sehr wenigen numismatischen Schriften einige Nachrichten von diesen ganz seltenen Münzen finden, so häufig hingegen von übergoldeten und übersilberten Münzen gesprochen worden." ꝛc.

Dann in dem Art. „Verfälschte ꝛc. Münzen" S. 65:

„Schon in den ersten Zeiten, da man kaum ächte Münzen zu prägen angefangen hatte, mischten sich auch die gefütterten Münzen mit ein; die Verfälschung blieb aber damals noch bei den goldenen und silbernen Münzsorten stehen."

Endlich im 1. Theile S. 300: „Daraus denn für die Münzliebhaber zwo Anmerkungen. Erstlich, daß alle gezackte oder gefütterte

Münzen antik und echt sind, weil man nicht den geringsten Profit erwarten konnte, solche verbotene und ungänge Münze noch ferner nachzumachen. Zweitens, wenn diese gefütterte Münzen einen besonderen Avers oder Revers haben, so sind sie um so viel seltener . . . . Die erhabene Arbeit und das dicke Gepräge gab gleichsam die Gelegenheit zu diesen gefütterten und überlegten Münzen, daher veranlaßte bei dem herunter gegangenen Kaiserthum der Mangel an Metall eine Erfindung, die diesem Betrug noch leichter und schicklicher abhalf; man prägte die Münzen so dünne, daß es unmöglich war, sie durch ein Futter zu verfälschen."

Das Gepräge der aufgefundenen Münze ist wenig erhaben. Darin allein liegt auch kein Beweis gegen ihr hohes Alter. Rasche sagt in dem angeführten Werke Th. 3 S. 114: „Je simpler und flacher das Gepräge, je älter ist die Münze 2c. 2c."

Die kreuzartigen Zeichen auf der Münze sind es sonach allein, welche bezweifeln lassen, daß sie aus älterer (vorchristlicher) Zeit stamme. Das Kreuz findet sich in der Regel nur auf Münzen, die nach Einführung des Christenthums geprägt worden, und zwar wohl ohne Ausnahme auf allen byzantinischen und fränkischen Geldstücken. In der Schweiz sind Leichen, die wahrscheinlich in der ersten Zeit nach Annahme des Christenthums beerdigt worden, mit einer Münze im Munde, die ein Kreuz zeigte, angetroffen worden. Aber die Kreuze auf allen diesen Münzen haben eine ganz regelmäßige Form, keine gebogene Hauptbalken, keine Scheiben oder Kügelchen an den Enden der Balken, keine Zeichen nebenbei, die als Pontifikal-Insignien angesehen werden könnten. Daß diese und die Scheibchen an den Balkenenden von dem Fälscher hinzugefügt sein sollten, läßt sich nicht denken; derselbe hätte ja dadurch sein Fabrikat leicht erkennbar gemacht. Die Münze wird einer echten, welche dieselben Zeichen hatte, möglichst treu nachgebildet sein. Uebrigens kommt das Kreuz auch schon in vorchristlicher Zeit bei Griechen und Römern, ja bei allen etwas civilisirten Völkern, ohne weitere mystische Bedeutung vor. (Zu vergleichen Kirchengeschichte der Schweiz, von Dr. Gelpke, Bern 1856, S. 161.) Es gibt barbarische Nachbildungen rhodischer Münzen mit einem jugendlichen Kopf auf der einen, einem Kreuz oder auch einem Reiter auf der anderen Seite. (Die nordetruskischen Alphabete 2c. von Th. Mommsen, Mittheilungen der antiquarischen Gesellschaft in Zürich, Band VII. S. 233.) Bei den Römern hatten auch Zepter die Kreuzform. (Rich, Dictionn. S. 565.) Das Vorkommen des Kreuzes in vorchristlicher Zeit als Verzierung ist übrigens bekannt genug. — Ob die Kreuze auf der Beckumer Münze als christliche angesehen werden müssen, habe ich vieler angestellten Nachforschungen ungeachtet, nicht ermitteln können. Diese Frage steht noch offen. Wird sie bejaht, so ist allerdings ein Grund mehr für die Vermuthung vorhanden, daß die Leichen 2c. in den Feldern westlich von Beckum nicht aus vorchristlicher Zeit herrühren, — folglich auch, daß die Gefechtsfelder bei der genannten Stadt nicht mit dem varianischen Schlachtfelde 1 bis 1½ Stunde weiter südlich, in Verbindung stehen.

Glaubwürdige Personen erzählen von Münzfunden in der Gegend von Beckum, die vor längerer Zeit gemacht sind. Das Geld ist, weil man es nicht kannte, eingeschmolzen. Neuerdings noch hat ein Landmann zwischen Beckum und Stromberg einen silbernen römischen Denar, einen s. g. **Quadrigatus** gefunden. Dieselbe zeigt auf der einen Seite eine behelmte Roma, auf der anderen einen mit vier Pferden bespannten Wagen.

Autographirte Abbildungen der Pinzette Nr. 16 oben, schon 1860 ausgegraben, eines der sternförmigen Stücke Nr. 10, eins der Stücke unter 12, der Brosche unter 20, und eins der kleinen Adler Nr. 21 oben, die letzteren sämmtlich erst jetzt (Herbst 1862) gesammelt, in wirklicher Größe dargestellt, finden sich auf beiliegender Tafel.

Schließlich noch die Beschreibung eines bei der letzten Ausgrabung gefundenen einschneidigen Schwertes. Mit dem Griff von 4 Zoll 8 Linien hat es eine Länge von 1 Fuß 6¼ Zoll rheinl., in der Mitte eine Breite von 1¼ Zoll. Der Rücken ist 1¼ Linie breit; er krümmt sich nach der Spitze hin; die Schneide ist nach der Spitze hin etwas mehr gekrümmt. Der Länge der Schneide entlang bemerkt man an jeder Seite 5 nur eben eingeritzte haardünne Linien. Oben am Griff sitzt ein eiförmiges Plättchen; Griff und Schneide sind durch ein ähnliches Plättchen getrennt. Die ganze Waffe, noch mit einer dünnen Kleikruste überzogen, wiegt 15½ Loth. Gut erhalten, könnte sie noch zum Stich, und würde sie geschliffen, auch wohl noch zum Hieb gebraucht werden. Von der Scheide und von der Bekleidung des Griffs ist nichts mehr erkennbar.

Kämme und überhaupt Geräthe von Horn oder Knochen sind an keiner Stelle angetroffen.

Druck und Papier von H. F. Grote in Arnsberg.

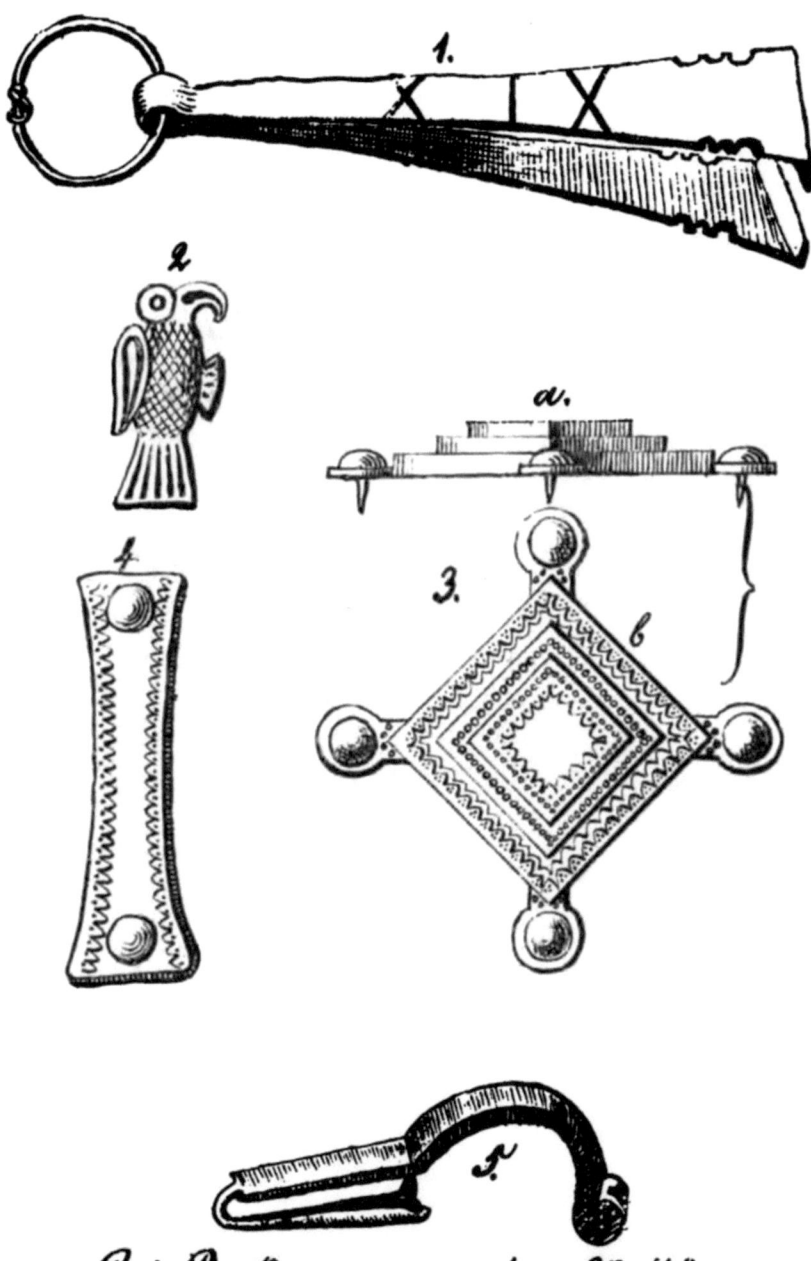

Bei Beckum ausgegrabene Alterthümer.